지금까지 모든
한 권으로 끝내기 책은
믿지 않았다.
근데 이 책은 진짜다.

— c*****0

경매 서적 중에
제일로 좋다고 해서
구매합니다.

— k******o

말로만 고수가 아닌
진짜 실전 고수의 이야기.
강추네요

— 성****뿜

다른 책들의 저자처럼 화려한 경력을 내세우는 분이 아니라
현장에서 직접 발로 뛰며 경험한 것들을 책으로 정리하셨다니,
그래서 그런지 더욱더 진정성이 느껴지네요.

— 그***람

이 책 사지 마세요!
내용이 알차서 나만 갖고 싶은 책♡

— i**0

특별한
경매지침서 !!
평생 이 한권이면
충분합니다~!!

— z*******s

지은이의 진심이 느껴진다.
경매 투자로 돈을 벌면서도 윤리적으로, 인간적으로 한다.
그렇게 하는 이유도 친절하게 설명해 준다.
무엇보다도 경매 초보자들에게 언니처럼
자상하게 쉽게 설명해 주고 있는 것이 이 책의 미덕이다.

— 달*비

여자친구와 결혼도 해야겠고, 모아놓은 돈은 없고,
부모님께 손 벌리기도 염치없고.. 무슨 뾰족한 수가 있겠냐고
친누나에게 하소연을 했더니 누나가 선물해준 책이다.

— b*******5

부동산 쪽에서 일하시는 분이 추천해주신 책입니다.
실제 저자와 만나셨을 때
질문에 대답도 잘해주시고 진짜 실력자같다고 덧붙여 이야기해주셨죠.

— 익◦◦R

이 책을 읽으니
'그런 어려운 단어들은 이제 됐고 그러니까 뭘 어떻게 해야 하는데?' 라는
답답함이 사라졌다.
21쇄까지 찍을 만한 이유가 있었다.

— 그◦◦기

아주 좋은 책 입니다, 무조건 필독

— 로얄 j◦◦◦◦◦1

사회에서
초년생으로 일하고 있는 직장인인데,
작가님 강의를 통해서
이루고 싶은 꿈도 생기고
목표로 향해가는 방향도 잡을 수 있어서
매우 좋았습니다.

— 이◦정

제가 고등학생때부터 낙찰을
여러 차례 받으신 어머니를 봐왔습니다.
어느덧 저는 3년차 직장인이 되었습니다.
저도 어머니가 경매 공부를 제일 처음 시작하실 때
배우셨던 이현정 선생님께 찾아오게 되었습니다.

— 엘◦◦◦수

경매 관심 없는 내게 도움이 된 경매책.
어제 저녁 다시 손에 잡은 책.
'나는 돈이 없어도 경매를 한다' 결국 평소보다
늦게 새벽 2시에 책을 덮으며 잠이 들었다…
책을 중간에 놓지를 못하겠더라.

— 독◦대

경제적으로 가장 힘든 순간에 한 줄기 빛으로 다가온 보석 같은 책으로 기억될 것 같아서 맘이 설렌다.
이제 재테크에 눈을 뜨기 시작한 재테크 초보로서 갈길이 멀지만
하나의 지침서로 손색 없고 소장가치 또한 훌륭한 도서인 것 같다.

— 프◦◦◦사

오늘부터 1,000만원으로
부동산 투자 시작

오늘부터 1,000만원으로 부동산 투자 시작

초판 1쇄 발행 | 2022년 7월 15일
초판 4쇄 발행 | 2022년 9월 25일

지은이 · 이현정
발행인 · 이종원
발행처 · (주)도서출판 길벗
출판사 등록일 · 1990년 12월 24일
주소 · 서울시 마포구 월드컵로 10길 56(서교동)
대표 전화 · 02)332-0931 | **팩스** · 02)323-0586
홈페이지 · www.gilbut.co.kr | **이메일** · gilbut@gilbut.co.kr

기획 및 책임 편집 · 이지현(lee@gilbut.co.kr)
마케팅 | 정경원, 김진영, 장세진, 김도현, 이승기 | **제작** · 손일순 | **영업관리** · 김명자 | **독자지원** · 윤정아

교정교열 · 김혜영 | **디자인** · 희림 | **전산편집** · 김정미 | **CTP 출력 및 인쇄** · 북토리 | **제본** · 신정제본

ISBN 979-11-407-0039-4 13320
(길벗도서번호 070472)
정가 18,000원

독자의 1초까지 아껴주는 정성 길벗출판사
길벗 | IT실용서, IT/일반 수험서, IT전문서, 경제실용서, 취미실용서, 건강실용서, 자녀교육서
더퀘스트 | 인문교양서, 비즈니스서
길벗이지톡 | 어학단행본, 어학수험서
길벗스쿨 | 국어학습서, 수학학습서, 유아학습서, 어학학습서, 어린이교양서, 교과서

오늘부터 1,000만원으로 부동산 투자 시작

이현정 지음

길벗

오늘부터 1,000만원으로
· 부동산 투자 시작

2013년 《나는 돈이 없어도 경매를 한다》 출간 이후 10년이 지났습니다. 책쓰기는 아기를 낳는 산통과 같다지요(솔직히 아이 낳기가 더 힘들긴 합니다만). 책을 쓰는 일은 늘 만만치 않습니다. 특히 이번 책은 더욱 쉽지 않았습니다. 독자님께 진한 메시지를 담아 드리고 싶었거든요. 이 책에는 부동산 투자정보뿐 아니라 우리가 바꿔야 할 미래에 대한 소망이 담겨 있습니다.

독자님에게 삶의 의미는 무엇인가요?

2021년 11월 미국 퓨리서치센터에서 전 세계 성인 1만 7,000명을 대상으로 설문조사를 했습니다.

"당신의 삶을 의미 있게 만드는 것은 무엇인가?"

우리나라는 전혀 예상치 못했던 분야에서 1등을 했습니다. 우리나라 사람들은 1순위로 '물질적 풍요'(19%), 2순위로 건강(17%), 3순위로 가족(16%)을 선택했습니다. 오직 우리나라만 이런 결과를 보였습니다. 이 결과를 보고 어떤 생각이 드시나요?

13년 전, 저는 막 2개월이 된 막내를 어린이집에 맡기고 처음으로 경매를 시작했습니다. 사람들이 독하다고 하더군요. 갓난아이를 낯선 이에게 맡긴 이유는 오직 돈을 벌기 위해서였습니다. 그래야 가족을 지킬 수 있으니까요 (남편도 부지런히 일했지만, 우리 가족이 가난의 쳇바퀴에서 벗어나기는 쉽지 않았습니다). 경매는 우리 가족을 가난에서 구해줬고, 자유로운 삶을 살 수 있게 해줬습니다. 가족을 지킬 수 있다면 무엇인들 못할까요? 돈이 있어야 가족을 지킬 수 있습니다. 우리나라 사람들에게 '돈'이 1위인 이유는 어쩌면 가족을 지키고 책임지고자 하는 마음이 절실하기 때문일 겁니다.

아들의 투자여정에 초대합니다

그렇게 지킨 아이들이 자라 성인이 되었습니다. 세 아이 중 둘째 아들이 가장 돈에 대해 관심이 많습니다. 부동산 세상을 처음 만난 아들은 마치 '이상한 나라의 앨리스' 같았습니다. 모든 것을 신기해하면서도 거리낌 없이 저를 따라 왔습니다. 아들처럼 이제 막 사회에 나온 2030세대에게 부동산은 넘어야 할 큰 산입니다. 큰 산을 처음 넘는 2030 독자님들께 제가 길을 안내하는 '시간 토끼'가 되어드리고자 합니다.

아들은 22살부터 부동산에 관심을 가지기 시작하더니 제 손으로 돈을 모아 23살에 첫 집을 낙찰받았습니다. 24살이 된 지금은 임대소득을 올리는 집주인이 되었습니다. 《오늘부터 1,000만원으로 부동산 투자 시작》은 아무것도 몰랐던 아들의 실제 투자 여정을 따라갑니다. 그만큼 사실적이고 생생한 이야기를 통해 피부에 와닿는 정보들이 많습니다.

1장에서는 현실을 인정하는 것으로부터 시작합니다. 부동산에 대해 말하고, 공부하고, 또 가르치고 싶지만 아는 것이 없는 우리의 현재 상황부터 체크합니다. 부모라면 먼저 알아야 할 지식입니다.

2장은 부동산 투자의 기초체력을 올리는 과정입니다. 가장 기본적이지만 꼭 필요한 부동산의 밑그림을 그리는 작업을 합니다. 왜 부동산 투자를 해야 하는지, 언제, 어디에 투자해야 하는지를 알려드립니다.

3장에서는 어떤 부동산을 선택할지를 이야기합니다. 다양한 부동산의 종류에 대해 알고, 세금과 증여, 상속까지 아우릅니다. 먼 듯하지만, 멀지 않은 우리 현실 이야기입니다.

4장에서는 아들의 실제 투자 스토리를 본격적으로 공개합니다. 두 번의 입찰, 아찔한 첫 낙찰, 인테리어 과정과 임대소득 시스템을 만드는 과정을 상세하게 알려드립니다.

5장은 미래 부동산에 대한 이야기입니다. 어린아이들이 자라서 더 이상 집 때문에 고민하지 않았으면 좋겠습니다. 그런 미래를 함께 만들고 싶습니다.

경쟁이 아닌 모두 잘사는 투자를 꿈꿉니다

강한 자가 살아남는 것이 아니라, 살아남는 자가 강한 것이라는 이야기를 들어보셨나요? 첫 책 출간 당시 갓 3년 차 초보 투자자였던 저는 이제 13년 차 투자자가 되었고, 변화무쌍한 부동산 시장에서 살아남았습니다. 그동안 부동산 시장은 냉탕과 온탕을 오갔습니다. 하염없이 행복해하다가 끝없이 추락하는 사람들도 봤고, 저처럼 맨바닥에서 우뚝 일어서는 사람들도 목격했습니다. 그 소용돌이를 함께 겪어내며 저는 많은 생각을 했습니다. 그리고 이렇게 결론을 내렸습니다. 나만 잘사는 것이 아니라 다 같이 잘사는 투자를 하고 싶다고. 말이 안 될 수도 있지만, 어쨌든 그런 세상을 꿈꿉니다. 거기에 이 책이 작은 도움이 되기를 기대합니다.

Special Thanks to.

이 책이 나올 수 있도록 도움을 주신 출판사 관계자분들, 그중에서도 특히 10년간 한결같이 부족한 원고를 잘 다듬어준 이지현 편집자님께 감사를 전합니다. 사랑하는 엄마와 동생, 26년간 곁을 지켜준 고마운 남편, 엄마 집밥을 모르고도 잘 자라준 세 아이들에게 사랑을 전합니다. 마지막으로 한자리에 머물지 않고 늘 성장하는 〈즐거운 경매〉 멤버들에게 무한한 사랑과 존경을 전합니다.

오늘부터 1,000만원으로 부동산 투자 시작

CHAPTER 1
나도 배운 적이 없었다

CHAPTER 4
경매는 부동산 아웃렛

CHAPTER 5
미래의 부동산

CHAPTER 1

나도 배운 적이 없었다

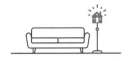

"미안하지만,
네 집을 대신 사주진 않아"

차를 사고 나면, 집을 사는 건 어떨까?

"엄마, 이번 주에 나랑 어디 좀 가도 돼요?"

"어디?"

"나 차 사려고요, 중고차. 같이 가줘요."

스물두 살 아들이 제힘으로 돈을 번 지는 꽤 되었습니다. 자의 반 타의 반입니다. 저희집은 스무 살이 되면 용돈이 없거든요. 학비와 교통비 그리고 학식비만 최소한으로 지원합니다. 제 스타일의 옷을 사거나 맛있는 것을 먹고 싶다면 스스로 돈을 벌어야 합니다(물론 도시락을 싸가고, 제가 사주는 옷만으로 버틸 수도 있습니다). 그 덕분인지 저희집 아이들은 생활력이 꽤 강합니다.

아들은 코로나가 시작되면서 대학교를 그만두었습니다. 학교보다는 사회에서 배우고 싶다는 이유에서였습니다. 카페 아르바이트부터 시작해 의류매장에서 판매도 해보고, 얼마 전에는 음식점에서 아르바이트를 시작했습니다. 그렇게 일하더니 돈을 좀 모았나봅니다. 이 독립적인 아이가 아르바이트로 모은 돈을 차를 사는 데 쓰겠다는군요. 돈이 모이니 제 차를 갖고 싶어진 모양입니다.

저희집에는 파란색 모닝이 있습니다. 제가 9년 전부터 타온 차입니다. 둘째인 아들은 물론 첫째인 딸도 이 차로 초보딱지를 뗐습니다. 낡은 차지만 아직 쌩쌩하게 잘 달립니다. "차는 사는 순간부터 계속 돈이 들어가는데…"라는 말을 할까 말까 잠시 망설입니다.

"그래, 같이 가자."

중고차를 사러 가는 차 안에서 아들이 묻습니다.

"엄마는 나 차 사는 거 왜 안 말려요?"

"말리면 안 살 거야?"

"아뇨, 히히."

"네가 돈 벌어서 차 사는 거 엄마는 좀 기특하기도 해. 차를 사고 나면 내년에는 집을 사는 게 어때? 차 대신 집을 사는 것도 방법이고."

"내가 집을 어떻게 사요?"

"1,000만원만 모아봐."

"진짜? 그 돈으로 집을 살 수 있어요? 돈 모을 테니 집 사주세요."

"엄마가 네 집을 사주진 않아. 내가 사는 집은 내 거고. 네 집은 네 돈으로

사. 대신 방법을 알려줄게."

눈을 반짝이더니 아들은 부동산에 대해 이것저것 묻기 시작합니다.

"엄마, 나 돈 모아서 독립할까요? 월세로 시작하면 어떨까요?"

"엄마, 사람들은 왜 자기 집을 안 사고 전세로 사는 거예요?"

"엄마, 내 집 마련을 하려면 경매 말고 다른 방법이 뭐가 있어요?"

내 자녀가 일찌감치 집을 갖기 바랍니다

저는 아들이 반드시 강남에 살 필요는 없지만, 일찌감치 내 집을 갖고 더불어 임대수익도 가질 수 있기를 바랍니다. 정부의 임대주택 공급에 목매지 않기를 바랍니다. 그저 직장에서 가까운 곳에 집을 얻느라 수입의 대부분을 월세로 지출하지 않기를 바랍니다. 공부만 알고 부동산은 모르지 않기를 바랍니다.

빌라와 오피스텔은 어떻게 다른지, 도시형생활주택 등이 무엇인지, 대출받을 때 체크하는 신용이 무엇인지, 신용을 어떻게 높이면 좋을지…. 막상 집을 사겠다고 마음먹자 아들은 궁금한 게 많습니다. 제가 제안한 가장 쉬운 내 집마련 방법은 1억원짜리 허름한 빌라를 9,000만원에 경매로 낙찰받아서 올수리 후 9,500만원에 전세를 놓는 방법입니다. 조금 더 저렴하게 낙찰받으면 전세보증금에서 낙찰가를 뺀 금액으로 수리비를 충당할 수 있으니 투자금이 들지 않을 수도 있습니다.

이 방법 말고도 여러 가지 방법이 있습니다. 전세가율이 높은 집을 매매로 살 수도 있지요. 어릴 때 만들어두었던 청약통장을 이용해서 청약에 도전할 수도 있고요. 청약은 새 아파트를 분양받는 제도인데, 젊은 세대가 분양에 당첨되는 것은 로또에 당첨되는 것과 같습니다. 청약시스템의 변화에 따라 가점과 청약방식에 대한 다른 전략이 필요하므로 차근차근 전략을 준비하는 것도 방법입니다. 여러분은 자녀에게 이런 방법을 알려줄 수 있나요?

여러분은 부동산을 배운 적이 있나요?

왜 내 집 마련을 해야 하는지,

임대로 살더라도 반드시 알아야 하는 부동산 지식은 무엇인지,

내 집을 마련할 때 체크해야 할 사항은 무엇인지,

소중한 내 자산을 지키기 위한 법적 의무는 무엇인지,

정부 정책과 세금은 내 부동산에 어떤 영향을 미치는지,

부동산 자산을 만들고, 지키고, 불리기 위한 과정은 무엇인지….

우리가 먼저 겪어온 시행착오와 방법을 이제 우리 아이에게 알려줘야 할 때가 되었습니다.

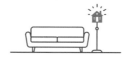

부모부터
변해야 합니다

그저 허름한 아파트인 내 집,
누군가는 웃돈을 얹어 사는 이유

예전에는 결혼을 서른 살이 되기 전에 했습니다. 저도 스물여섯 살에 결혼했지요. 한 살 많은 스물일곱 살 남편과 집을 보러 다녔습니다. 부동산을 서너 군데 둘러본 뒤 적당한 집으로 계약했습니다. 먼저 결혼한 친구가 이런저런 팁을 전수해 주었습니다.

"싱크대에서는 물을 틀어봐야 해. 물이 찔찔 나오면 안 되거든. 변기도 꼭 물을 내려봐."

그 뒤로는 부동산 중개사님을 따라 집을 보러 가면 꼭 싱크대 물부터 틀어

댔답니다.

지역은 별 고민없이 먼저 결혼한 친구가 사는 동네로 정했습니다. 익숙한 동네를 벗어날 생각은 하지도 않았어요. 명동에 위치한 회사까지 출근해야 하니 지하철이 가까운 것도 조건이었습니다. 다른 지역은 둘러보지도 않고, 한 동네 물건만 서너 곳 보고 신혼집을 골랐습니다. 제가 선택한 첫 집은 2층 짜리 다가구건물의 1층 왼쪽 집이었습니다. 보증금 2,000만원에 월세가 20만원. 예나 지금이나 다가구건물의 셋집은 가격이 저렴한 편입니다.

당시에는 열심히 저축하면 집을 늘려갈 수 있었습니다. 금리가 높았거든요. 그런데 전세 2년 차에 IMF가 터졌습니다. 이 시기에 부동산도 크게 흔들려 전월세 가격이 크게 하락했지요. 아이러니하게도 그 덕분에 전세로나마 아파트에서 살 수 있는 기회가 생겼습니다.

두 번째 전셋집은 오래된 아파트였습니다. 불편한 점이 많았어요. 오래된 집이라 창문은 덜컹거리고, 네 식구가 살기에 13평은 숨 막힐 듯 좁았습니다. 둘째가 막 태어난 때였는데, 두 아이를 데리고 4층까지 걸어 올라가는 것도 보통 일이 아니었지요. 혼자서는 한 번에 두 아이를 데리고 올라갈 수가 없어서 한 아이씩 데리고 올라가느라 계단을 두 번 오르내려야 했습니다. 엘리베이터가 없는 4층에 산다는 건 아기엄마에게 보통 일이 아닙니다.

"인수네, 이 집 1억에 샀다더라."

어느 날, 건너 아는 사람이 우리 아파트를 샀다는 소식을 들었습니다. 낡은 저층 아파트에서 힘들게 생활하던 저는 이해가 되지 않았습니다. 집을 가질 생각이 전혀 없는 임차인의 위치였던 저는 그저 4층이 아닌 2층으로 이사하고 싶을 뿐이었지요.

'이렇게 낡은 아파트를 1억이나 주고 산다고? 그 돈이면 조금 더 넓고 쾌적한 집에서 전세로 살 수 있을 텐데.'

제가 살았던 그 집이 지금은 잠실의 리센츠아파트로 재건축되었습니다. 현재 리센츠 32평형은 25억원이 되었죠(그때 1억원에 매수한 인수 씨는 추가부담금을 얼마간 더 냈을 겁니다). 그저 힘들고 불편하다고만 생각하며 살던 곳이었는데, 임차인의 위치에서 벗어나 투자자의 시선으로 볼 수 있었다면 저 역시 그 좋은 기회를 놓치지 않았겠지요?

나부터 완전히 다른 상태가 되어야 합니다

한 자리에 오래 머물러 있으면 마치 그 자리가 세상의 전부인 것처럼 느껴집니다. 더 나은 상황을 원한다면 조금 나아지는 정도가 아니라 완전히 다른 상태가 되길 원해야 합니다. 완전히 다른 상태가 되려면 변화한 내 모습을 상상할 수 있어야 하지요. 하지만 안타깝게도 상상력은 자신이 경험한 범위를 벗어나기 어렵습니다. 내가 상상할 수 있어야 아이들에게도 가르칠 수 있습니다.

지금 내가 머물러 있는 자리에서 어떻게 벗어날 수 있을까요?

경험의 한계를 벗어나는 가장 쉬운 방법은 다른 사람으로부터 배우는 것입니다. 먼저 겪어본 사람들은 다양한 방법으로 제게 메시지를 남겨주었습니다. 책은 저자들이 쌓은 경험의 보고입니다. 최근에는 다양한 강의와 영상도 있습니다. 이 책도 많고 많은 메시지 중 하나이지요. 그들의 발자취만 따라가도 절반은 성공입니다.

그런데 우리는 왜 시도조차 하지 못할까요? 그 이유는 이런 종류의 이야기가 종종 현실감이 없게 느껴지기 때문입니다. 내가 경험해 보지 못한 세상의 이야기이니까요.

"이 사람은 억세게 운이 좋았군."

"나는 옆에서 도와주는 사람이 한 명도 없잖아."

"나하고는 다르지. 그 사람은 특별한 재능이 있는 사람이니까…."

저 멀리 앞선 그들과 지금 이 자리에 있는 나 사이의 간극은 큽니다. 그들이 간 길을 그대로 따라갈 자신이 없습니다. 나를 '나 자신'으로 보면 두렵고 초라한 마음이 듭니다.

나를 믿기가 왜 이렇게 힘들까요? 나를 믿을 수 없을 때 쓰는 저만의 비법을 알려드릴게요. 내가 나의 엄마가 되는 겁니다.

"네(내)가 이대로 머물지 않길 바라. 너(나)는 할 수 있어. 네(내)가 상상한 그 것을 반드시 해낼 것을 엄마(나)는 믿어."

참 신기하지요. 자식이 잘되길 바라는 엄마의 마음으로 나를 바라보면 내가 달라 보입니다. 엄마는 소중한 자식이 그 자리에서 머물길 원하지 않습니다. 지금보다 앞으로 더 나아가고 발전해서 원하는 삶을 살기를 바랍니다. 나를 엄마의 마음으로 바라보세요. 내가 스스로 '나의 완벽한 엄마'가 되어보세요. 내가 스스로의 엄마가 되어 나를 지지하고 믿어주면 그 마음 그대로 아이들을 가르치고 믿게 됩니다. 엄마는 아이가 더 크게 상상할 수 있도록 지원합니다. 아마 아이들은 배운 것을 잘 활용하여 우리의 상상을 벗어난 세상에서 살 것입니다.

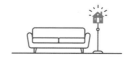

학교에서
알려주지 않는
부동산

오늘부터는 돈을 말하는 것이 부끄럽지 않습니다

이제 우리는 아이들에게 "열심히 저축해야 한다! 열심히 공부해야 한다!" 라고 요구하지 않습니다. 더 나은 삶을 살기 위한 공부가 '국·영·수'가 아니라는 것을 누구보다 잘 알기 때문이지요. 긍정적인 삶에 대한 태도와 사람에 대한 예의는 물론이고, 무엇보다도 돈에 대한 지식을 가르쳐야 합니다.

돈에 대해 말하는 것을 부끄러워하던 시절이 있었습니다. '부자가 천국에 가기는 바늘구멍을 통과하는 것과 같다'며 부자들을 비난하기 일쑤였지요. 그런데 정말 그렇던가요? 가난한 사람이 부자보다 더 선하던가요? 제가 알기로는 반대입니다. 돈이 없으면 비굴해지기 쉽고, 억울한 삶을 견뎌야 합니다.

나도 배운 적이 없었다

가족이 서로 싸우고 비난합니다. 돈이 없으면 일상생활이 쉽지 않습니다.

이렇게 중요한 돈이건만, 학교에서는 돈에 대한 지식을 가르쳐주지 않습니다. 선생님조차 돈에 대해 가르치는 법을 배우지 못했습니다. 과거에는 금융사에서 VIP 고객의 자녀를 위해 어린이캠프를 열고, 거기에서 주식교육을 하곤 했습니다. 최근에는 어린이를 위한 온라인 주식교육이 인기입니다. 어린이를 위한 재테크와 주식 관련 도서도 많이 출간되고 있지요. 유대인의 부자 되는 자녀교육도 큰 인기를 끌고 있습니다.

이제 돈을 이야기하는 것만으로는 부족합니다. 자산의 대부분을 차지하는 부동산을 이야기할 때가 되었습니다. 이제 아이들에게 부동산에 대해 알려주어야 합니다. 그런데 아이들에게 부동산을 가르치는 선생님을 찾기가 쉽지 않습니다. 선생님 대신 엄마, 아빠라도 배워서 가르쳐봅시다. 저는 우리 아이들이, 독자님의 아이들이 저처럼 오랜 시간 임차인으로 살지 않길 바랍니다. 그 바람과 방법을 지금부터 이야기하려고 합니다.

부동산 이전에 자본주의를 깨우쳐야 합니다

아이들에게 부동산을 가르치기 전에 자본주의부터 이해하고 넘어갑시다. 우리는 자본주의 사회에서 살고 있습니다. 자본주의는 사유재산제를 바탕으로 합니다. 자본주의에서는 국가가 아닌 개인도 재산을 가질 수 있습니다. 개인이 재산을 만드는 방법은 두 가지 중 하나입니다.

바로 노동과 생산(혹은 거래)입니다. 이론적으로 보면 자본주의에는 생산수단을 가진 지배권자 계급과 생산수단이 없는 노동자 계급의 두 계급이 존재합니다. 지배권자는 상품을 생산하여 판매하고, 노동자는 노동력을 팔아 상품을 소비합니다. 학교는 훌륭한 노동자를 길러내기 위한 곳입니다. 학교에서는 아이들이 부지런히 성실하게 일하고, 조직에 순응하며, 회사에서 필요한 인재가 되도록 가르칩니다. 아이들은 스펙을 쌓고 시험을 치르며 더 좋은 조건의 회사에 들어가기 위해 경쟁합니다. 경쟁에서 이겨 좋은 회사에 들어간 뒤에는 노동자가 되어 아침부터 밤까지 해가 떠있는 시간 내내 지배권자, 즉 생산자 밑에서 일하고, 그 대가로 급여를 받아 소비를 합니다.

능력 있는 생산자는 이미 돈을 많이 가진 자산가가 되었습니다. 현대의 생산자는 생산을 넘어서 거래를 합니다. 돈을 내고 부동산을 취득하지요. 인플레이션으로 인해 돈의 가치가 하락할수록 부동산의 가치는 거꾸로 상승합니다. 희소성이 높아질수록 부동산의 가치는 더 높아집니다. 서울 아파트의 가격이 치솟는 이유는 대체할 집이 많지 않기 때문입니다. 귀할수록 비싼 법입니다.

우리 부모가 노동자로 평생을 살았고, 우리도 노동자로 살아온 이상, 자녀가 노동자로 살게 될 것은 예상 가능한 순서입니다. 노동자에서 단번에 자본을 가진 생산자로 자리바꿈하기는 쉽지 않습니다. 생산수단을 개발하는 법을 배우고, 거래하는 법을 배워야 합니다.

다행히 현대사회에서는 얼마든지 정보를 얻을 수 있어서 노동자도 자본을 모아 거래를 통해 자산가가 될 수 있습니다. 부모가 잘 가르친다면 아이들은 자산가들의 언어를 배우고, 그들의 거래방식을 익힐 것입니다.

그러려면 우리가 노동자라는 생각부터 바꿔야 합니다. 소비를 위해 일하는 노동자의 관점에서 벗어나는 것이 시작입니다. 소비보다 생산과 자산에 대해 생각해 봅시다. 같은 돈으로 누군가는 단순히 소비를 하고, 다른 누군가는 생산을 합니다.

예를 들어볼까요?

A는 1년간 부지런히 모은 1,000만원을 선수금으로 내고 평소 꿈꾸던 자동차(3,000만원)를 할부로 구매했습니다. 출퇴근 시에는 대중교통을 이용하지만, 주말에 나들이할 때는 새로 산 차량을 이용할 계획입니다. 매달 자동이체로 빠져나가는 할부금(월 44만원×12개월 = 연 약 530만원)과 보험금(연 100만원), 그 외 연료비 등 차량유지비는 급여에서 충당할 예정입니다.

A가 매월 상환해야 하는 자동차 할부금

자동차 할부 계산기

차량가격	30,000,000 원	
	3,000만원	
할부기간	48 개월	
연 이자율	2.5%	
선수금	10,000,000 원	
	1,000만원	

계산결과

총 납입원금	20,000,000 원
총 이자	1,037,449 원
총 상환액	21,037,449 원

월별 상환금액

회차	납입금액	납입원금	이자	잔금
1	438,280원	396,614원	41,666원	19,603,386원
2	438,280원	397,440원	40,840원	19,205,946원

B도 역시 출퇴근 시에는 대중교통을 이용합니다. 일주일에 한두 번 이용하는 자동차는 사지 않고 대여하기로 합니다. 아파트 주민이기에 이용할 수 있는 주차장을 공유업체에 대여하면 공유차량을 시세보다 50% 저렴하게 이용할 수 있습니다. 월 이용료와 연료비만 지출하면 됩니다[쏘카 주말 이용료 10만 원×50%= 5만원×52주(1년) = 연 이용료 260만원].

가진 모든 자본을 털어 소비를 할 것인지 생산을 위한 자본으로 만들 것인지는 우리의 선택입니다.

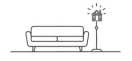

부동산 투자도
감정이 중요합니다

내가 먼저 채워야 할 부동산 지식

"엄마, 곧 부동산이 폭락한다던데 사실이에요?"

"누가 그래?"

"유튜브에서요. 유명한 사람이라던데… 유가가 불안하고, 국제금리와 주가도 불안해서 그렇대요."

"그 영상 보고 어떤 생각이 들었니?"

"집을 살 때가 아니고, 팔아야 할 때가 아닌가 하는 생각이요."

"엄마는 우리 아들이 공부할 준비가 되었다는 생각이 드는걸. 하하!"

"공부요?"

"그래, 누군가 어떤 이야기를 할 때 그 사람의 의견이 사실인지 여부를 확인하고, 그 의견대로 되면 어떤 상황이 될지를 생각해 보는 거야. 전문가는 그런 생각을 많이 하는 사람이지."

"의견의 사실여부를 확인한다. 그 이후의 상황을 예측한다. 그 생각을 많이 한다. 알겠어요. 쉽진 않네요."

"사실을 확인하지 않고 감정에 휩쓸리면 잘못된 결정을 하게 돼."

"감정이요? 부동산 투자에서도 감정이 문제가 되나요?"

"그럼. 다들 폭락할 거라고 하면 불안해져서 헐값에 팔 수도 있거든."

"그러네요. 부동산 투자에서도 감정이 중요하군요."

최근 몇 년간 폭등한 대한민국의 부동산 시장에서 우리는 각자 상황에 따라 다양한 감정을 경험했습니다. 어떤 집을 산 사람이 집값이 올라 환호할 때 그 집을 판 사람은 좌절했습니다.

2016년 강남역에 있는 유원아파트의 매매가는 최저 7억 6,000만원이었습니다. 당시 전세가가 6억 5,000만원이었으니 1억원도 안 되는 돈으로 강남 아파트를 살 수 있었지요. 이후 매매가는 꾸준히 올라 2022년 기준 이 아파트의 매매가는 22억원입니다.

7억 6,000만원에 이 아파트를 매도한 A는 나름대로 이유가 있어서 매도했을 것입니다. 급전이 필요했을 수도 있고, 충분히 수익이 났다고 생각했을 수도 있고, 앞으로 부동산 시장이 폭락할 거라고 예측했을 수도 있습니다. 하지만 어떤 이유에서든 집을 팔고 난 뒤 6년 만에 세 배 가까이 오를 것을 예상하진 못했을 것입니다. 알았다면 어떤 상황에서도 절대 팔지 않았겠지요.

반면, 이 아파트를 산 B는 득템을 한 셈입니다. 그렇지만 어쩌면 지금 이 시점에 B도 전에 집을 판 A와 같은 고민을 하고 있을 수도 있습니다. 급전이 필요하거나, 수익을 충분히 실현했다고 보거나, 부동산 폭락을 걱정하고 있을지도 모릅니다.

우리는 한 치 앞도 내다볼 수 없는 인간입니다. 시장을 정확히 예측하고, 완벽하게 대처하기란 불가능합니다. 그저 어떤 상황에서 어떤 결정을 해야 할지 앞서간 사람들의 사례로 공부하고, 작은 실패와 도전을 반복하며 성공 경험을 만들어갈 뿐입니다. 한순간의 결정으로 희비가 엇갈리는 것이 부동산이기 때문에 기초지식을 탄탄하게 쌓아야 합니다.

아이들에게 부동산 지식을 가르치기 전에 부모가 먼저 부동산 지식을 확고히 다집시다. 부동산 지식 근육을 키워서 나만의 기준을 세워 봅시다.

부동산을 돈으로만 보니 불안감이 생기는 것

아직까지도 집을 마련하지 못한 사람은 이제라도 막차에 올라타야 할지, 이제 오를 만큼 올랐으니 떨어질 때까지 기다려야 할지 고민입니다. 적절한 타이밍에 집을 산 사람도 불안하기는 마찬가지입니다. 집 가격이 오른 만큼 보유세도 오르고, 금리가 인상되면서 매달 내는 대출상환액도 늘어나 생활이 갈수록 팍팍해집니다. 이쯤에서 집을 팔아 형편에 맞는 집으로 이사를 하는 것이 옳은지, 힘들더라도 더 버티는 게 좋을지 판단이 안 섭니다.

부동산을 돈으로만 보면 불안할 수밖에 없습니다. 부동산은 우리가 살아가는 거주 수단입니다. 심리적 안정감을 주는 공간이고, 자산의 보관처이자 재테크 수단의 하나이기도 합니다. 만약 무주택자가 1주택을 마련하는 것이 목적이라면 불안할 이유가 전혀 없습니다. 어차피 내가 거주할 집이라면 가격이 오르고 내리는 것은 투자 성정에 영향을 미치지 않습니다(기분과 세금만 영향을 미치겠지요). 1주택자가 갈아타기를 하거나 다주택자가 투자용으로 부동산을 사고판다면 다른 기준이 있어야 할 것입니다. 갈아타기를 하는 1주택자는 지금 집을 팔 때 내는 세금 등을 꼼꼼히 파악해야 합니다. 현재 집에 그대로 머무는 것이 양도세를 내고 이사하는 것보다 유리할 수도 있습니다. 다주택자는 거래비용과 수익을 더욱 면밀히 살펴야 합니다. 다주택자에 대한 종부세 중과로 인해 수익보다 비용이 많아질 수도 있으니까요.

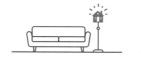

초보투자자가 할 수 있는
부동산 공부법

거래 자체의 어려움은 별것 아닙니다

"엄마, 저 공인중개사 공부를 해볼까 해요."

"왜? 공인중개사가 되고 싶어서?"

"아뇨, 그건 아니고, 부동산을 알고 싶어서요. 공인중개사 공부가 부동산 공부 아닌가요?"

"공인중개사는 부동산을 중개하는 법을 배우는 거야. 법 공부가 많아."

"중개를 하는 것과 부동산을 하는 것이 다른가요?"

"다르지. 엄마는 중개는 하지 않잖아."

"그러네요. 저는 부동산을 알고 싶을 뿐인데, 저도 중개는 안 해도 돼요."

"그저 부동산을 제대로 알고 싶은 게 목적이라면, 공인중개사 공부까지 할 필요는 없을 것 같아."

"그렇군요. 그럼 부동산 공부는 어떻게 시작해야 해요?"

"좋아, 부동산 공부를 처음 시작하는 초보투자자의 공부법에 대해 이야기해 보자."

예나 지금이나 부동산이 저렴한 적은 없었습니다. 예전에도 부동산 거래는 수년간 돈을 모아서 한두 번 할까 말까 하던 큰 거래였습니다. 대부분의 사람들은 은행에서 돈을 빌려 부동산을 거래합니다. 자산가가 더 큰 금액을 더 저렴하게 대출받는 반면, 서민이 대출을 받으려면 자격 심사가 무척 까다롭습니다. 사려는 부동산이 너무 비싸도 안 되고 소득이 적어도 안 됩니다. 게다가 이러한 기준이 수시로 변합니다.

거래를 일으키기 위한 부대비용도 만만치 않습니다. 집을 살 때 집 가격의 최소 1%에서 최대 12%를 세금으로 내야 하고, 팔 때도 양도차익의 최대 82%를 세금으로 내야 합니다. 비과세 혜택을 받으려면 까다로운 조건을 충족해야 하지요. 자신이 어느 구간에서 세금을 내는지 판단할 수 있어야 합니다. 그렇다고 세금과 부대비용이 무서워 가만히 있을 수도 없습니다. 내 집을 마련하지 않으면 끊임없이 올라가는 전세보증금이나 월세를 감당해야 하는데, 앞으로 계속 나아가자니 힘들고 그 자리에 그대로 머물지도 못하는 진퇴양난입니다.

여기까지만 들어도 부동산 거래 한번 하는데 너무 많은 에너지가 소모되는 느낌입니다. 그렇지만 부동산 거래 자체의 어려움은 해결이 쉽습니다. 배우면 됩니다. 모르면 두려운 법이지만 알고 나면 별거 없습니다. 아이들이 구구단을 외우기까지는 힘들지만, 한번 익히면 노래처럼 흥얼거리는 것과 마찬가지입니다. 물론 수천만원, 수억원이 들어가는 일이 구구단보다야 어렵겠지요. 그래도 공부하면 됩니다. 더 중요한 것은 부동산을 '거래하는 방법'이 아니라 '어떤 부동산을 어떻게 사느냐'입니다. 어쨌든 모든 것은 공부에서 시작됩니다. 그러니 공부하세요. 아빠도 엄마도 아들도 딸도 공부하면 배울 수 있는 것이 부동산이니까요. 저도 맨땅에 헤딩하며 홀로 공부했습니다. 세 아이를 키우면서 공부할 환경이 좋았던 것도 아니고, 돈이 많아서 실패해도 되는 상황도 아니었습니다. 부동산 투자를 방금 시작한 초보투자자에게 제가 공부한 방법을 권합니다.

❶ 도서관 출근하기

도서관에서 제목에 '부동산'이 들어간 책을 모두 빌려 읽습니다. 서점이 아닌 도서관으로 먼저 가야 하는 이유가 있습니다. 서점에서는 신간은 가득한 반면, 스테디셀러는 찾기 힘들기 때문입니다. 스테디셀러는 오랜 기간 독자에게 사랑받는 책이고, 기본과 원리를 알려주는 책입니다. 도서관에서 낡고 너덜거리는 책을 먼저 읽으세요. 그러고 나서 신간을 읽습니다. 기본을 먼저 알고 최신 트렌드를 익히면 이해가 빠릅니다.

❷ 호기심을 채워줄 강의 듣기

책을 읽고 나면 궁금증이 생길 것입니다. 궁금증을 해소해줄 강의를 찾아들으세요. 최근 책을 출간한 저자는 종종 저자특강을 합니다. 책을 출간한 작가는 콘텐츠를 잘 정리해둔 데다 열정이 가득합니다. 가장 가성비 좋게 최신 정보를 얻을 수 있는 방법입니다.

❸ 당장 실천하기

해당 책에서 제안한 방법을 당장 실행해 봅니다. 자본이 없어서 당장 투자하지 못한다면 모의투자를 해도 괜찮습니다. 집 앞 부동산중개소에서 중개사님과 이야기를 나누는 것도 좋습니다. 맘에 드는 카페에 차를 마시러 가서 그 카페의 임대료를 계산해 보는 것도 좋습니다. 물론 직접 투자해 보는 것만큼 빠르게 배우는 법은 없습니다.

낯선 분야는 배워서 얼마든지 마스터할 수 있습니다. 단, 어느 정도 배웠으면 반드시 실천하세요. 완벽해질 때까지 기다리지 마세요. 부동산의 모든 분야를 마스터하고 투자를 시작하려면 수십 년이 필요할 것입니다. 집중해서 빠르게 습득한 후 부족한 나머지는 현장에서 익히세요. '언젠가'는 결코 오지 않습니다. 필요한 것은 바로 '지금'입니다.

투자에 대한 막연한 두려움, 어떻게 해야 할까요?

부동산 투자를 망설이는 이유를 곰곰이 생각해보면, 어쩌면 기술적인 문제가 아니라 감정적인 어려움 때문일지도 모릅니다.

A는 전세가를 올려주느니 차라리 집을 사기로 합니다. 대출을 일으켜야 집을 살 수 있기에, 받을 수 있는 만큼 최대한으로 대출을 받습니다. 영혼까지 끌어모아 대출받는다고 해서 '영끌한다'고 합니다. 대출을 받은 후에는 매달 이자를 납입해야 합니다. 과거에는 이자만 내던 시절도 있었는데, 지금은 원금도 같이 상환해야 합니다. 영끌한 집의 가격이 내가 산 가격보다 더 오르지 않으면 불안합니다. 가격이 하락이라도 하면 매달 내는 원리금이 더 무겁게 느껴집니다.

B는 한탕주의로 부동산 투자를 합니다. 새 아파트의 분양가가 시세보다 저렴하니 무리해서라도 분양을 받습니다. 부동산 가격이 폭등하던 지난 몇 년간 이 방법으로 많은 사람들이 쉽게 돈을 벌었습니다. 수억 원의 프리미엄이 오갔습니다. 당첨 후 바로 전매가능한 부동산이 인기를 끌었고, 대출과 보유 기간이 주택보다 자유롭다는 이유로 지식산업센터나 생활형숙박시설에 많은 투자자가 몰렸습니다. 이들 중에는 능수능란하게 치고 빠진 사람도 있지만 꾸물거리다가 자칫 마지막 거래가 된 사람도 있습니다.

'영끌, 한탕주의'와 반대되는 '낙담'으로 어려움을 겪는 사람들도 있습니다. "이번 생엔 글렀어"라며 집 매매를 포기하는 것이지요. 이들은 아쉬운 대로 월셋집을 꾸미거나, 명품쇼핑을 하기도 합니다. C는 집 대신 값비싼 자동차를 소유합니다. C처럼 형편에 맞지 않는 고급 차를 사느라 영끌하고 일상생활에 곤란을 겪는 카푸어는 자동차 유지비에 본인 수입의 절반 이상을 쏟아붓기도 합니다. 높은 집값에 낙담해서 내 집 마련을 포기하면 감정의 문제를 넘어서 경제적 어려움이 더욱 커집니다.

내 집이 필요하다는 사실에는 변함이 없습니다. 다만 불안, 낙담 등의 감정이 섞인 상태로 매수와 매도를 하게 되면 시장 상황에 따라 현명하게 판단하기 어렵다는 점을 알아야 합니다. 앞에서 말한 영끌, 한탕주의, 낙담 모두 사실 현명한 판단으로 보기는 어렵습니다. 하지만 이미 일어난 상황에서라도 다시금 현명한 판단을 할 수 있도록 노력해야겠지요?

지나친 대출로 현재 생활에 어려움을 느낀다면 더 작은 집으로 이사를 고려해보세요. 만약 대출을 감당할 수 있는 정도라면, 지금은 집 가격이 떨어졌더라도 가격을 다시 회복할 때까지 기다리면 됩니다. 수많은 부동산 투자 정보가 자꾸 유혹한다면 자신의 멘토를 정해보세요. 멘토의 투자 방법을 충실히 따르고, 결정을 내릴 때는 멘토와 상의하는 겁니다. 비싸진 집값으로 인해 좌절감이 몰려올 때는 이미 올라버린 집값을 자꾸 쳐다보는 것보다 완전히 새롭게 시작하는 것이 좋습니다. 모든 자산은 가격에 맞는 투자법이 있게 마련입니다. 아파트, 빌라, 재개발, 토지, 상가, 경매 등 찾아보면 나의 자산을 업그레이드할 방법은 분명히 있습니다.

상승장이든 하락장이든, 어떤 시장에서든 내가 할 수 있는 선택 중 제일 좋은 선택을 하겠다는 것이 가장 좋은 마음가짐입니다. 내 집을 살 때도 마찬가지지만, 투자로 부동산을 살 때는 더욱 그러합니다.

투자 교과서는 늘 말합니다,
종잣돈을 모으라고

종잣돈을 만드는 방법

"종잣돈은 잘 모으고 있니?"

"월급 받으면 일단 저축계좌에 옮겨서 모으고 있어요. 일하느라 바빠 지금은 놀 시간이 없어서 돈 쓸 시간도 없어요."

"잘하고 있네."

"그런데 아직 멀었어요. 월급이 적으니 모아도 얼마 되지 않아요. 언제 1,000만원을 다 모으죠?"

"지금은 단순한 일을 하니까 어쩔 수 없어. 전문직도 처음에는 급여가 얼마 안 돼. 사실 진짜 돈 버는 방법은 노동이 아니야."

투자를 하려면 종잣돈이 필요합니다. 먼저 돈 버는 구조를 확인해 봅시다. 대부분의 사람들은 자신의 시간을 팔아 돈을 법니다. 직장에 취직해서 아침에 출근하고 해가 떠있는 시간 동안 회사에 필요한 일을 한 대가로 급여를 받습니다. 급여는 회사의 사장이 지급하는데, 사장이 투자한 돈보다 더 많이 벌어야 직원에게 급여를 줄 수 있습니다. 회사가 1,000만원을 벌면 직원에게 급여로 100만원을 주는 방식입니다. 나머지 900만원 중 비용을 제외한 나머지는 사장의 수입입니다. 이 구조가 만들어지지 않으면 회사는 문을 닫습니다. 수익이 없는 회사는 존재할 이유가 없으니까요.

노동자 계급이 생긴 이후로 사회는 다음과 같은 구조로 돌아가고 있습니다. 아이들은 어릴 때부터 좋은 성적을 받아 좋은 학교에 들어가고 좋은 회사에 취업하는 것을 꿈꿉니다. 좋은 회사에서는 일을 아주 많이 시키고, 많은 수익을 낸 후 적당히 급여를 줍니다. 이런 대기업에 입사하기 위해 사람들은 줄을 섭니다. 많은 급여는 아니지만, 쫓겨날 일이 없어 안정적인 공무원도 인기 있는 직종입니다. 공무원이든 대기업 사원이든 모두 시간노동자입니다. 이와 달리 자신의 시간을 내다 팔지 않고 돈을 버는 방법이 네 가지 있습니다. 이 네 가지 방법은 모두 시간노동자로 일하면서 병행할 수 있는 방법입니다.

❶ 자본소득

돈이 돈을 버는 소득입니다. 금융이나 부동산 등 투자수익으로 소득을 창출하는 방식입니다. 금융이자, 부동산 임대료, 펀드, 주식이지요. 이 소득을 만들기 위해 기본적인 세팅을 하려면 1)종잣돈, 2)지식, 3)경험이 필요하니다. 자본소득을 만들기 위한 종잣돈은 일정기간 시간노동자로 일해 모은 돈으로 만들 수 있습니다. 자본소득을 만들기 위해서는 필수지식이 있어야 합니다. 지식 없이 함부로 투자하다가는 소중한 종잣돈도 잃게 됩니다. 종잣돈과 지식을 갖추고 나면 실전에 돌입합니다. 처음부터 일확천금을 노리는 것은 투자가 아닌 투기입니다. 적은 경험으로 자신만의 노하우를 축적하여 자본소득을 이루어 냅니다.

❷ 저작권료 받기

가치 있는 물건이나 서비스를 제대로 만들면 돈이 계속 나옵니다. 음원저작료, 발명특허료, 도서인세가 있습니다. 작사가는 평생, 심지어 사후에도 70년간 저작료가 나온다고 하니 히트곡 몇 곡만 있으면 마음껏 시간을 가질 수 있습니다. 음악을 만들거나 글을 쓰는 등의 재능이 필요하지만, 탁월하지 않아도 전문분야가 있으면 어느 정도 인정받을 수 있습니다.

❸ 사업 또는 부업하기

시간을 투자하는 일을 하되 상대적으로 적게 시간을 들이는 방법도 있습니다. 가끔 관리만 해주면 되는 사업체 시스템을 만들어 운영할 수도 있고, 1인 크리에이티브의 경우 유튜브나 블로그 등에 사람들에게 유익한 정보를 올려 수익을 낼 수 있습니다. 무언가를 만들거나 유통하여 파는 온라인 마켓을 운영할 수도 있습니다. 일정궤도에 오르는 것은 쉽지 않지만, 누구나 쉽게 시작할 수 있으며 일정궤도에 오른 후에는 자동으로 수입이 들어옵니다.

❹ 몸값 높이기

하던 일에서 시간가치를 높이는 방법도 있습니다. 2022년 기준 최저 시급은 9,160원이지만, 어떤 사람들은 한 시간 일하고 100만원을 받습니다. 대단한 능력자가 아니어도 시간가치를 높일 수 있습니다. 직원이 아닌 프리랜서로 일하면 급여가 아닌 수입이 발생합니다. 회사에 수익을 창출해 주고 정당하게 회사와 나눠 가질 수 있지요. 이들은 노동자가 아닌 동업자로 회사와 상생합니다.

자본가가 아니라면 시간노동자로 일하며 얻는 소득을 모으는 것이 가장 우선입니다. 소득이 얼마인가는 중요하지 않습니다. 소득이 적더라도 그보다 지출이 더 적으면 종잣돈을 모을 수 있습니다. 소비에 집착하는 것은 노동자의 마인드라는 것을 기억하세요. 자산가는 소비가 아닌 생산과 거래에 집중합니다.

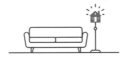

종잣돈 마련과
투자는 다릅니다

억만장자의 진짜 유산

"엄마는 언제 처음 돈을 벌었어요?"

"초등학교 2학년 때였어. 바닥에 떨어진 솔방울이 너무 예뻐서 물감으로 색칠을 했거든. 그랬더니 친구가 예쁘다고 100원에 샀어."

"와, 초등학생 때요? 진짜 어린 나이였네요."

"그 돈으로 같이 달고나 뽑기를 사 먹었어."

"귀여운 예술가였군요."

"중학생 때는 선배들 졸업식장에 가서 꽃다발을 팔기도 했어. 전날 밤에 꽃시장에서 꽃을 사다가 밤새 포장했었지. 그러고 보니, 엄마가 어려서부터 돈을 좀 좋아했나 보다."

"저도 돈이 좋아요, 아마 엄마를 닮았나 봐요."

"아들은 언제부터 돈을 버는 것이 좋다고 생각해?"

"성인이 되고 나서 아닐까요? 다들 어릴 때는 공부해야 한다고 하던데…. 아, 엄마는 좀 다르지만요."

"엄마는 돈이 가치 있는 일을 한 대가로 받는 거라고 생각해. 그러니 돈 버는 시기가 빠른 건 좋은 거잖아."

"그건 그렇죠. 하지만 어린 나이에 어떤 가치 있는 일을 할 수 있을까요?"

"그랜드 캘턴이라는 억만장자는 초등학생 딸에게 전화 영업을 시키더라고. 고객 목록을 주고 전화를 하게 했지. '이번에 새로운 세미나가 있는데, 참여해 보시겠어요?'라고 영업하게 한 거야."

"아이한테 전화번호를 주고 사람들한테 전화해서 세미나에 참석하게 권한 다고요? 그 전화를 어린애가 어떻게 해요?"

"심지어 전화를 받는 사람들은 전화하는 사람이 그랜드 캘턴의 딸이라는 사실을 몰라. 한술 더 떠서 세미나는 고액 세미나고."

"성공했어요?"

"실패하기도 하고, 버벅거리기도 하다가 세미나 유치에 성공하기도 했어. 그 과정을 억만장자 아버지가 지켜보며 코칭해 준 거지. '더 자신 있는 목소리로! 마무리 멘트도 해야지!' 하면서 말이야."

"대단하네요. 어린아이가 전화영업을 하다니."

"어린 딸은 처음에 당연히 잘 못했지. 아이들뿐 아니라 성인도 처음에는 잘 못하게 마련이잖아."

"당연하죠. 누구나 처음은 힘든 법이니까요."

"그랜드 캘턴의 어린 딸이 성장하면 어떤 어른이 될까? 어릴 때부터 작은 실패와 성공의 경험을 쌓은 아이들이 자라 성인이 된다면⋯."

"이미 성공이 보장된 어른, 돈으로도 살 수 없는 귀한 경험을 수없이 가진 부자가 될 것 같아요. 억만장자 아버지에게 물려받은 것은 돈만이 아니네요."

지출을 줄이기보단 소득을 늘리세요

성인이 된 아이가 취직하여 한 달간 열심히 일해서 200만원을 벌었다고 합시다. 통장에 들어오기 전 세금, 건강보험, 국민연금으로 약 30만원이 사라지고 통장에는 170만원이 들어옵니다. 일단 여기에서 먼저 저축금액을 빼두어야 합니다. 소비하고 나면 남는 돈이 없을 테니까요. 70만원을 먼저 저축하고 남는 100만원으로 소비를 합니다. 월세 내고, 학자금 대출 이자 내고, 차비에다 밥도 사 먹어야 합니다. 생활이 빠듯합니다. 지출을 줄이는 것은 한계가 있습니다. 매끼를 편의점에서 인스턴트로 대충 때우다가는 병을 얻을지도 모릅니다. 어떻게 해야 할까요?

제 경험으로는 지출을 줄이기보다 소득을 늘리는 것이 더 쉽습니다. 앞서 알려드린 시간부자가 되는 네 가지 방법 중 하나 이상의 방법으로 수입을 늘릴 수 있습니다. 적게 일하고 많이 벌기 위해서는 처음에 시간을 투자해야 합니다. 요즘 시대에는 빨리 익혀서 돈을 버는 방법이 많습니다. 유튜브 편집,

아이나 반려견 돌보기, 인근 지역 배달 등도 숙련된 기술이 필요 없는 일거리입니다. 자신의 가치를 높여 수입을 늘릴 수도 있습니다. 이렇듯 힘들게 번 돈으로 어떻게 투자해야 할까요?

투자의 목적은 자본소득을 만드는 것

처음에 종잣돈을 만드는 시기에는 은행에 저축하는 것으로 시작합니다. 수입이 생기면 일정 금액을 떼어 저축통장에 보관합니다. 사회초년생은 소득은 적지만 큰돈 들 일이 없으므로 저축하기에 좋은 시기입니다. 은행은 돈을 불리는 곳이 아닙니다. 그저 보관하는 곳으로 생각하세요. 물론 저축하면 은행으로부터 이자를 받습니다. 2022년 기준 3년 만기 적금의 이자율은 3.8% 전후이며, 3년 동안 100만원씩 꼬박꼬박 적금을 넣었을 때 받는 총이자는 210만 9,000원, 세후 총수익은 약 178만 4,000원입니다.

이자 계산기			
적금 예금 대출 중도상환수수료			
월적립액	1,000,000 원		
	100만원		
적금기간 년 개월 **3**년	연이자율 단리 월복리	3.8%	
이자과세 **일반과세** 비과세 세금우대			
원금합계	36,000,000 원		
세전이자	2,109,000 원		
이자과세(15.4%)	- 324,786 원		
세후 수령액	37,784,214 원		

2022년 최대 예금금리인 2.5%로 은행에 돈을 맡겨 원금의 2배를 돌려받으려면 47년이 걸립니다. 은행은 대출을 이용하기에 좋은 곳일 뿐 돈을 불리는 곳이 아닙니다.

투자는 자본소득을 만드는 행위입니다. 주식과 펀드의 장기투자가 효과적인 이유는 복리효과 덕분입니다(복리효과는 원금뿐 아니라 이자에도 이자가 붙는 효과를 말합니다). 펀드에 매월 50만원씩 납입하여 연 12% 수익을 내면 9년 만에 1억원을 만들 수 있지요. 원금은 5,400만원입니다. 또 다른 자본소득으로는 부동산이 있습니다. 부지런히 모은 종잣돈은 부동산 투자의 시작이 됩니다.

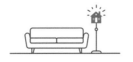

내 집 마련과
투자의 적기는
언제일까?

내 집 마련의 기준은 시장이 아닌 나

"내 집 마련은 필수, 투자는 선택이에요."

제가 경매 강의를 할 때마다 강조하는 말입니다. 제 경매 강의를 듣는 수강생은 20대에서 60대까지 다양합니다. 그중 절반은 아직 내 집을 마련하지 못했습니다. 수강생 A도 그중 하나입니다. 내 집 마련을 하기 위해 경매 공부를 시작했지요. A는 공부는 열심히 했지만, 내 집 마련의 타이밍이 아니라는 이유로 전셋집을 재계약하였습니다.

"부동산 가격은 곧 하락할 거예요. 그때 저렴하게 사려고요."

A가 제게 한 말입니다. 과연 내 집 마련의 적정 타이밍은 언제일까요?

부동산은 투자 대상이면서 필수재이기도 합니다. 과거 생산자의 삶을 살아보지 못했던 부모님 세대는 빚이 두려워 전세를 살았습니다. 집이 없으면 남의 집을 빌려야 하는데 그 비용이 만만치 않습니다. 때문에 내 집 마련은 선택이 아닌 필수입니다.

내 집 마련의 시기는 시장이 아닌 나를 기준으로 합니다. 부동산 시장 폭등기에는 너무 비싸서 집을 살 수 없고, 부동산 시장이 폭락하면 더 떨어질까 두려워서 집을 살 수 없습니다. 돈을 더 모아서 더 나은 집을 사려는 기대는 더더욱 못 합니다. 돈을 모으는 속도보다 집 가격 상승 속도가 더 빠르기 때문입니다. 시장이 아닌 '내가 준비가 되었는가'를 확인합니다.

살고 싶은 집, 사고 싶은 집은 우리 기준보다 항상 더 비쌉니다. 3억원으로 살 수 있는 집이 강북 빌라라면, 3억원 보증금에 월세까지 부담하면 송파 아파트에서 살 수 있습니다. 이 달콤한 유혹 때문에 비싼 전세로 머물게 되는 것입니다. 과감하게 눈높이를 낮추어 집을 사길 권합니다. 전세, 월세로 살다 보면 내 집 마련은 점점 더 멀어질 것입니다. 지금의 쾌적함을 위해 현금흐름이 나오기는커녕 비싸기만 한 전세로 살지 마세요. 내 집을 마련하면 적어도 수입의 절반을 월세로 내지 않아도 됩니다.

투자로서 부동산을 대할 때는 조금 더 신중해야 합니다. 현금흐름이 잘 이루어지는지, 시세보다 저렴하게 취득하는지 체크할 것이 더 많기 때문이지요. 더불어 실거주용으로 이미 집이 한 채 있다면 세후 수익률에 대해 깊은 고민이 필요합니다. 다주택자에 대한 세금과 대출규제로 인해 주택 투자는 더욱 신중하게 해야 합니다.

주택이 아닌 상가, 토지에 투자할 때는 사업가의 입장으로 투자합니다. 임차인이 이곳에서 충분히 수익을 낼 수 있어야 나의 현금흐름이 원활해집니다. 가치투자 측면에서 경매는 탁월한 부동산 취득방법입니다. 처음부터 시세보다 저렴하게 취득하는 구조이니까요.

부를 이룬 사람은 가치 있는 사람으로 인정받습니다. 일만 잘하는 부장보다 부동산 자산 많은 과장이 더욱 인정받는 세상입니다. 우리 아이들의 미래에 큰 배움을 전할 수 있어서 기쁩니다.

워런 버핏도
부동산 투자를 할까?

، ، ، 워런 버핏의 투자 철학

사실 전 세계의 억만장자는 부동산 투자로 돈을 벌지 않았습니다. 지난 수십 년간 부동산 투자로 이름을 날린 자산가는 찾아보기 힘듭니다. 미국이나 유럽은 금융이 발달한 만큼, 이들 지역에 많은 세계적인 억만장자는 대부분 사업가이거나 주식투자자입니다. 이들은 자신만의 사업으로 자산을 일궜고, 모은 자산으로 부동산에 투자했습니다. 때로는 깔고 앉은 집을 투자 대상이 아니라 소비재로 여기며 부동산에는 투자하지 않았습니다. 그중에 워런 버핏이 있습니다. 부동산 투자를 거의 안 하는 것으로 유명합니다만, 그도 부동산 투자를 한 적이 있습니다. 워런 버핏의 주식투자 철학을 부동산 투자에도 접목할 수 있습니다. 그의 투자 철학은 지금 자녀를 가르치려는 우리에게 도움이 될 것입니다. 먼저 워런 버핏의 투자 내역을 살펴보겠습니다.

ᐟ� 워런 버핏의 투자 내역

❶ 워런 버핏은 미국에서도 시골인 네브래스카주의 오마하에 살고 있습니다. 미국의 평범한 중산층 수준의 집입니다. 우리 돈으로 거의 100조원에 육박하는 재산을 가진 그가 10억원도 안 되는 집에 살고 있다는 이야기입니다.

❷ 1986년에 워런 버핏은 자신의 고향 오마하 북쪽에 있는 400에이커 상당의 농장을 샀습니다. 연방예금 보험공사로부터 당시 28만달러에 샀지요. 파산한 은행이 담보로 갖고 있던 걸 인수한 것이었습니다. 당시 농장에서 나오는 옥수수와 콩의 매출에서 인건비 등 필요 경비를 제하니 투자 대비 약 10%의 수익이 발생했다고 합니다. 그는 세월이 흐르면 곡물가격도 오를 것으로 예상했습니다. 2013년 기준 이 농장에서 나오는 이익은 세 배로 불어났고 농장 가격은 약 다섯 배 정도가 되었습니다. 매년 10% 넘는 이익을 챙긴 것은 물론입니다.

❸ 1993년 워런 버핏은 뉴욕의 뉴욕대학교 인근 상가 건물을 매입했습니다. 이번에도 역시 정리신탁공사에서 파는, 그러니까 파산한 건물주의 물건을 싸게 매입했지요. 이 건물에서 나오는 임대 수입은 농장과 비슷한 10%였는데, 매입 당시 부실하게 관리하는 바람에 매장이 많이 비어 있었습니다. 가장 큰 매장의 임차인이 말도 안 되는 낮은 금액의 임대료를 내고 있었습니다. 이 임대계약이 끝난다면 건물의 수익성은 더 커질 것이고, 유능한 관리인을 고용하여 공실을 없애면 수익은 더 늘어날 것이 눈에 보였습니다. 당연히 그의 예상은 들어맞았습니다. 2013년 기준 이 건물에서 나오는 수익률은 연 35%가 넘었습니다. 뉴욕 한복판에 연 35%가 나오는 상업용 빌딩이니 그 가치가 얼마나 뛰었을지 상상이 갑니다.

ᐟaddress 워런 버핏의 투자법

워런 버핏의 투자법은 현금흐름과 가치투자입니다. 그는 말합니다.

"내재가치 평가에서는 미래 현금흐름이 중요합니다. 어떤 투자든 우리가 지금 현금을 투입하는 것은, 나중에 그 자산에서 현금을 회수할 것으로 기대하기 때문입니다. 투기꾼이라면 그 자산을 더 비싼 가격에 팔아 현금을 회수하려 하겠지만 우리가 하는 방식은 아닙니다. 추정이 적중하면 많은 수익을 얻겠지만, 추정이 빗나가면 수익을 기대할 수 없습니다."

워런 버핏은 현금흐름이 나오지 않는 자신의 집에는 투자하지 않습니다. 돈도 안 나오는데 비싼 집에서 살 필요가 없다는 것이지요. 현재 우리나라의 상황에 비춰보면 고민이 되는 부분입니다. 우리나라에서는 무거운 세금으로 인해 다주택자가 될 수 없다 보니 똘똘한 한 채에 집중하고 있으니까요. 좋은 입지일수록 상승 폭은 더 큽니다. 저는 워런 버핏의 철학에 기본적으로 동의합니다. 다만 상급지로 갈아타려는 노력에 반대하지도 않습니다. 대출을 감당할 수 있다면 말이지요. 그가 중요시한 부동산의 현금흐름은 임대수익입니다. 월세를 통해 수익을 내면 안정적으로 현금흐름을 만들어 낼 수 있습니다. 아파트 가격이 오를 것을 기대하고 투자했을 때 예측이 빗나가면 수익을 기대할 수 없습니다. 우리나라에는 전세제도가 있기에 투자할 때는 전세가가 오르는 지역도 고려합니다. 전세가 상승은 매매가 상승의 전조 신호이니까요.

"가격에만 관심을 집중하는 사람은 시장이 자신보다 많이 안다고 가정하는 것과 같습니다. 주식시장은 나의 스승이 아니라 하인이 되어야 합니다. 가격과 더불어 가치에도 집중하세요."

워런 버핏은 시장에 가치판단을 맡기지 않고 스스로 가치를 판단하라고 조언합니다. 그는 자신의 판단력에 자신이 있었기에 망해 가는 건물을 매입할 수 있었을 것입니다. 지금 우리가 하려는 부동산 투자, 특히 경매에서는 부동산의 가치를 스스로 판단하는 것이 중요합니다. 가치를 높일 수 있는 방법도 직접 찾아 실천해야 하지요. 시세보다 저렴해야 어떤 시장에서든 수익을 얻을 수 있기 때문입니다.

CHAPTER 2

학교에서 가르쳐주지 않는 부동산

"엄마,
저도 경매할래요!"

부동산에 투자하고 싶다는 아들

"엄마, 저 돈 모았어요. 저도 경매할래요."

아들이 중고차를 산 지 7개월이 지난 어느 날이었습니다.

"대견하네. 얼마나 모았어?"

"이번 달에 월급 받으면 700만원이 돼요. 이걸로도 경매할 수 있어요?"

"금액이 적긴 한데, 조금 더 모아서 1,000만원을 만들면 어떨까?"

"이제 그만 좀 쉬고 싶은데…. 알바한 지 벌써 1년이 다 돼가거든요."

당시 아들은 아르바이트를 위해 친척 집에서 머물고 있었습니다. 아들이 아르바이트를 하는 이유는 돈을 벌기 위한 것 외에도 다른 것이 있었는데 바로 대한민국 세법 때문이었습니다. 만 30세 미만의 미혼은 부모와 떨어져 살더라도 부모와 한가구로 간주합니다. 결혼하지 않은 만 30세 미만은 세법상 미성년자와 같이 취급하지요. 아들은 부모가 다주택자이기 때문에 자기 돈으로 자기 소유의 집을 사더라도 다주택자에게 적용되는 취득세를 내야 합니다. 1주택자로 인정받기 위해서는 1년간 일정 금액 이상의 소득을 증빙해야 하지요.

"얼른 집을 낙찰 받고 알바를 쉬고 싶어요."

"1년 동안 했으니 오래 하긴 했지. 그만두고 뭐 하게?"

"엄마처럼 부동산 투자를 해볼까 해요. 부동산 투자를 꾸준히 하려면 뭘 해야 좋을까요? 엄마는 왜 하필 경매를 했어요?"

"우연한 기회에 경매 강의를 듣게 되었거든. 그때는 지금처럼 누구나 경매를 하던 때가 아니었어. 적은 돈으로 부동산 투자를 할 수 있다는 것에 관심이 갔지. 그 얘기는 차차 하자. 부동산 공부를 하고 싶다니, 엄마는 찬성! 엄마가 아는 것은 다 알려줄게. 하지만 아무리 많이 배워도 자기가 직접 쌓은 경험만 못해. 이번에 입찰해서 낙찰 받으면 그야말로 큰 배움이 될 거야."

"그러니까 엄마, 입찰하게 도와주세요. 엄마가 쓴 책은 읽었지만, 왠지 내가 진짜로 경매를 한다는 게 좀 겁도 나고…. 괜찮겠지요?"

어떤 일을 처음 시도하는 것은 언제나 두렵기 마련입니다. 누구나 마찬가지예요. 여러분은 어떤가요? 처음 도전하는 경매 입찰에 대한 두려움이 있나요? 아들은 두려움을 떨치고 입찰에 도전하기로 마음먹었습니다. 끝내 해내려는 마음은 두려움을 이기지요. 대상을 제대로 이해하는 것도 두려움을 이기는 방법 중 하나입니다.

생각보다 의미 있는 아들의 질문

아들의 첫 입찰을 위한 물건을 찾기 시작합니다.

"이 물건 괜찮네. 아파트는 너무 비싸니 빌라로 골라야 하잖아. 이 물건은 1층이고, 이 정도면 지하철에서도 가까워서 실수요자가 있을 거야. 일단 가격이 참 착해. 인근에 비슷한 조건의 방 2개짜리 빌라 매물호가를 볼까? 수리한 물건이 1억 6,000만 원 정도 하거든. 이 물건은 최저가가 1억 1,600만 원이야. 전세도 1억 4,000만 원 정도니까 꽤 괜찮은데?"

"이게 괜찮아요? 낡고 더러워 보이는데. 어떤 물건이 좋은 건지 잘 모르겠어요."

"맘에 안 들어? 싸고 좋은 물건은 없는 게 세상의 이치야. 좋은 물건은 다 비싸. 일단 가진 돈의 크기에 맞춰야 해."

"하긴 그러네요. 제가 알바하는 가게에서 [중] 사이즈를 시켜놓고, '[대] 자 같이 많이 주세요.'라고 하는 손님도 있어요. 말도 안 되는 주문이죠."

"좋은 물건은 더 비싼 값을 치르는 사람이 가져가는 거야. 강남의 고급아파트를 사려는 사람들은 가격이 얼마든 상관하지 않아. 오히려 비싸서 더 인기가 있지. 비싸서 더 좋은 물건을 가질 수 있으면 좋겠지만, 지금 너한테는 그만한 돈이 없잖아."

"음, 그러네요. 돈이 별로 없죠. 그럼 어떤 게 좋은 물건이에요?"

"가진 돈의 한계 안에서 최고의 물건이 좋은 물건이야. 너한테는 지금 자본금이 700만원밖에 없어. 입찰보증금이 최저가의 10%이니까 네가 입찰할 수 있는 최고가는 7,000만원이지. 그리고 나머지 잔금을 어떻게 마련할지도 고민해야 하고."

"나머지 90%를 다 대출 받을 수 있어요?"

"아니, 불가능해. 너는 실수요자니까 70%까지 대출 받을 수 있어."

"제가 가진 돈은 고작 700만원이잖아요. 대출 최대금액이 70%라면…. 잠깐만요. 계산 좀 해볼게요. 이 물건은 1억이 넘어서 제가 가진 돈으로는 안 되잖아요."

"그렇지. 그래서 경매에서는 잠시 융통할 돈이 있는지도 중요해. 전세가보다 저렴하게 낙찰 받을 수 있는 물건도 있거든. 몇 개월만 돈을 빌릴 수 있다면 잔금을 납부하고 전세를 놓아 투자금을 회수하면 되니까. 등록금인 셈치고 엄마가 잠시 빌려줄게."

"와, 엄마가 아니라 다른 사람 말이라면 안 믿을 것 같아요. 제가 1억이 넘는 집을 가질 수 있다니."

경매 입찰가에 엿보이는 욕심

입찰기일 이틀 전 현장을 확인하고 입찰가를 정했습니다.

입찰 당일이 되어, 입찰보증금을 수표 한 장으로 끊기 위해 법원에서 가까운 신한은행에 들렀습니다.

"고객님, 출금 한도가 안 되시네요."

아들이 어릴 때부터 쓰던 통장이라 출금한도가 겨우 200만원으로 설정되어 있었지요. 부랴부랴 출금한도를 올리고, 법원입찰 시간에 늦지 않게 수표를 인출해서 법원에 도착했습니다. 미리 만들어둔 기일입찰표를 입찰봉투에 넣고, 입찰보증금도 가지런히 넣었습니다.

"법원은 처음이지? 저 앞에 있는 사람들을 집행관이라고 해."

"조용하네요. 왠지 떨리는 것 같기도 하고."

"떨 것 없어. 우선 입찰서를 내자. 저기 집행관사무원에게 가서 입찰봉투에 도장을 받고, 입찰함에 넣어봐. 엄마는 여기 법정 의자에 있을게."

아들은 차분히 움직였습니다. 집행관에게 입찰봉투를 내밀자, 집행관은 일련번호가 있는 도장을 찍은 후 수취증을 쭉 찢어 아들에게 내어주었습니다. 입찰봉투의 수취증은 영수증과 같은 역할을 합니다. 입찰봉투를 돌려받은 아들은 투명한 입찰함에 입찰봉투를 넣었습니다. 자리로 돌아온 아들이 속삭입니다.

"너무 떨려요. 잘한 거죠?"

"아주 잘했어. 이제 개찰을 기다리면 돼."

아들과 저는 나란히 앉아 개찰을 기다렸습니다.

집행관이 곧 개찰한다는 안내를 합니다.

"잠시 후 5분 뒤에 개찰을 시작합니다. 입찰자가 아닌 분은 모두 법원 밖으로 나가주세요. 코로나로 인한 사회적 거리두기로 입찰표 하나에 한분만 법정에서 머물 수 있습니다."

코로나로 인해 법원도 각양각색으로 사회적 거리두기를 하고 있었습니다. 이곳 서울북부법원은 수취증 하나에 한명만 법정에 머무르게 했습니다. 법원도 처음, 입찰도 처음이라 당황한 아들을 두고 법정 밖으로 나왔습니다. 사람들과 함께 복도에서 모니터를 통해 법정 안을 지켜보기로 합니다. 아들에게서 카톡이 옵니다.

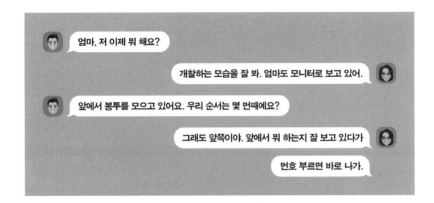

개찰하는 물건의 순서는 보통 사건번호입니다. 오늘 진행하는 물건 목록을 아들에게 카톡으로 보내줍니다. 잠시 다른 물건의 진행을 지켜보던 아들이 제 차례가 되어 단상 앞에 섭니다. 이 물건에 입찰한 사람은 모두 다섯 명, 낙찰가는 감정가 대비 92%입니다.

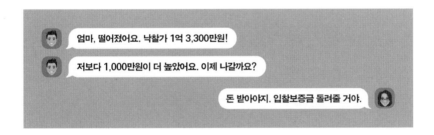

입찰보증금을 돌려받은 아들이 법정 밖으로 나왔습니다.

"비록 패찰했지만, 어땠어? 첫 입찰에 도전한 기분이 궁금하네."

"처음에 엄마가 나가고 나서 좀 떨렸는데, 뭐 괜찮았어요. 입찰은 이제 혼자서도 할 수 있을 것 같아요. 그런데 이렇게 많은 사람들이 경매에 참여하는 것이 신기했어요. 이 사람들은 누구예요? 어떤 사람들이 경매를 하는 거죠?"

"정말 다양해. 은퇴 이후 인생 2막을 준비하는 어르신도 있고, 내 집 마련을 하려는 신혼부부나 가장도 있어. 월세로 임대소득을 올리려는 사람들도 있지. 너같이 사회초년생도 있고."

"그렇군요. 그런데 이 물건은 왜 이렇게 높은 가격에 낙찰된 거죠?"

"그리 높은 가격은 아니야. 네가 써낸 가격도 나쁘지 않았어. 낙찰자가 너보다 욕심을 덜 냈을 뿐이지. "

"제가 욕심을 더 낸 거라고요?"

"그렇지. 더 저렴하게 낙찰받고 싶어서 낮은 입찰가를 썼으니까. 더 높은 가격을 쓴 낙찰자에 비하면 욕심이 더 많은 거야."

경매를 시작하는 초보투자자가 패찰을 반복하는 것은 욕심이 과하기 때문입니다. 부동산을 저렴하게 사기 위한 방법이 경매이긴 하지만, 더 높은 입찰가를 쓰는 경쟁자가 있다면 낙찰을 받을 수 없습니다. 시세보다 저렴하면서도 경쟁자들보다 욕심을 덜 부려서 적정한 입찰가를 찾아내야 합니다. 그러려면 충분한 조사와 시장상황에 대한 공부가 필요합니다.

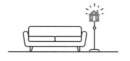

우리는 언제부터
부동산에 '투자'했을까?

왜 다들 아파트에 목을 맬까요?

첫 입찰에 참여한 아들은 궁금증이 더 많아졌습니다. 집으로 돌아오는 차 안에서 아들의 질문은 계속됩니다.

"법정에서 아파트는 유독 경쟁이 치열하더라고요. 어떤 물건에는 서른 명이 넘게 입찰했어요. 왜 다들 아파트에 목을 맬까요?"

"그러게. 대한민국에서 아파트는 화폐와 같은 존재야. 일단 사두면 오르는 좋은 부동산이라는 인식이 있지. 아파트가 부동산의 대명사가 돼버렸나봐. 우리도 거의 아파트에서만 살았잖아. 언제부터 부동산이, 특히 아파트가 투자대상이 되었는지 이야기해 볼까? 우리나라에 아파트가 언제 처음 생겼을까?"

우리나라 최초의 아파트는 종암아파트(1958년)입니다. 준공 시 이승만 대통령 내외가 방문할 만큼 화제였지만, 대중에게는 별로 인기가 없었습니다. 이후로도 아파트는 계속 인기가 없다가 1970년 동부이촌동 한강맨션아파트, 여의도시범아파트 등 중산층 아파트들이 건설되면서 아파트에 대한 부정적 인식이 달라지기 시작했습니다. 1975년 총 6,279세대의 압구정 현대아파트는 평당 28만원에서 44만원 정도로 분양되었습니다. 초기에는 미분양이었지만, 나중에는 당시 5,000만원의 프리미엄이 붙었습니다. 1975년도의 5,000만원은 대단한 프리미엄이었지요.

산업화, 도시화로 인한 부동산 재테크화

"새마을운동이라고 들어봤니? '새벽종이 울렸네, 새 아침이 밝았네…' 하는 노래는 들어봤어?"

"역사시간에 배웠어요. 노래는 좀 웃긴데요."

"엄마가 어렸을 때 이야기야. 산업화와 도시화로 인해 농촌 인구가 너도나도 도시로, 서울로 몰려들었지. 서울은 어디나 사람으로 넘쳤어. 당연히 집이 부족하니 방 하나만 빌려 사는 사람이 많았어."

"그땐 아파트가 별로 없었나봐요."

"엄마 어린 시절에는 단독주택이 많았어. 지금의 셰어하우스와 같이 각 방마다 다른 가족들이 모여 살았지. 엄마도 방 한칸에 부모님과 두 동생까지 다섯 식구가 살기도 했단다."

아파트가 본격적으로 공급된 것은 1970년대 중반부터였습니다. 아파트 개발이 본격화되면서 아파트 투기 열풍이 불기 시작했지요. 전국경제인연합회의 《한국경제연감》 경제지표 자료에 의하면 1971년도 아파트 지수가 100이라면 1979년의 지수는 2,490이었습니다. 8년간 부동산 가격이 거의 25배나 폭등했으니, 지금의 부동산 상승은 달팽이 수준이죠(같은 기간 물가는 37.4배 오르고 GDP는 59.1배 상승했습니다. 개발도상국의 눈부신 경제발전 시기였지요).

당시 부동산 가격이 이렇듯 많이 올랐지만, 소수의 집 가진 사람들만의 이야기였습니다. 1980년도 주택보급률은 고작 56.1%에 그쳤으니까요. 국민 중 절반은 집이 없었습니다. 정보를 알고 있는 소수의 다주택자들이 혜택을 누렸지요. 그러자 정부는 투기꾼을 잡기 위해 세무정책을 만들고, 세무조사를 하기 시작했습니다. 이때부터 다주택자에 대한 부정적인 인식이 생겨났습니다. 힘있는 소수가 정보를 독점하는 시장에서 대다수의 무주택자는 박탈감을 느꼈겠지요. 이때는 모든 정보가 공개되고 전세금에 소액만 더하면 얼마든지 집을 살 수 있는 지금의 상황과는 완전히 달랐습니다.

이제 생계형 다주택자를 투기꾼으로 보는 시선을 달리 해석할 때가 되지 않았을까요(저는 아이들이 집을 반드시 한 채만 가질 필요가 없다고 주장합니다).

강남과 강북의 차이는 어디서부터 시작되었을까요?

"1980년도에는 엄마가 몇 살이었어요?"

"초등학생이었을 때야."

"그때 할머니가 강남에 투자했으면 정말 좋았겠어요."

"다섯 식구 먹고살기도 빠듯할 때였지. 그땐 강남의 개념도 없었어."

강남불패! 강남이 강남이기 전부터 살펴봅시다. 지금의 강남 3구는 경기도였다가 1963년 성동구로 편입되었습니다. 무척 낙후된 지역이었지요. 1960년대 말 박정희 대통령은 당시 부촌이던 강북의 인구를 강남으로 분산하기로 했습니다. 강남과 강북을 연결하는 한남대교를 짓고, 강남개발에 들어갔지요.

강남은 개발촉진지구, 강북은 특정시설제한구역으로 지정했습니다. 1973년 반포주공아파트와 청담시영아파트, 1975년 압구정현대아파트가 분양되었고, 곧이어 강북의 명문고 15개 학교가 강남으로 이전했습니다. 지하철 2호선이 착공되면서 강북과 강남의 인구비율이 55:45에 이를 정도로 강남인구가 크게 늘어났습니다.

1980년도부터 명문고에 입학하기 위한 인구가 강남으로 유입되었습니다. 거주지 중심 완전학군제로 변경되면서, 강남으로 옮긴 명문고에는 인근에 거주하는 학생만 입학이 가능하게 되었기 때문입니다. '돈 있으면 강남 가고, 강남 가면 명문대 가는 세상'이 되었지요. 강북에 있던 기업이 강남으로 이전하고, 테헤란로에는 초고층 빌딩이 들어섰습니다. 본격적인 격차는 2000년 초반부터 생겨났습니다. 강남에 있던 5만여 저층 아파트가 재건축되면서 강북과 비교 불가해진 것입니다.

최근에는 특목고와 자사고를 없애면서 학군 수요가 다시 강남으로 몰리고 있습니다. 과거 문재인 정부는 재건축, 대출, 청약, 세금으로 부동산 투자를 규제했지만, 이러한 규제는 오히려 강남에 호재가 되었습니다. 다주택자는 강북과 지방의 부동산을 팔고, 강남의 똘똘한 한 채에 집중하기 때문입니다. 강남과 강북의 격차를 줄이기 위해 서울시는 2008년부터 재산세 중 50%를 징수하여 25개 자치구에 균등 배분하는 '공동과세제도'를 도입하여 시행하고 있습니다. 정책 초반에는 강남과 강북의 차이가 줄어드는가 싶었지만, 강남 부동산 가격 상승은 결국 자치구별 재산세 수입규모의 차이를 더욱 벌어지게 했습니다(2021년 강남은 세수가 4,000억원 증가한 반면 강북은 약 120억원 증가하는 데 그쳤습니다).

최근 강북에는 새바람이 불고 있습니다. 오세훈 서울시장 취임 후 노후 주거지의 재개발 기대가 커지면서 빌라 매수세가 커졌습니다. 윤석열 정부 이후 서울의 개발사업에 대한 긍정적 메시지는 계속 이어지고 있습니다. 은평구, 강북구, 광진구, 강서구 등 집값이 상대적으로 저렴하고, 공공 정비사업이나 민간 재개발을 추진하는 지역에 대한 기대가 큽니다.

부동산 투자, 정책과 손잡고 가야 합니다

1990년 말부터 분양가가 자율화되면서 본격적인 아파트 브랜드 경쟁이 시작되었고, 2000년 이후부터는 쾌적하고 편리한 초고층 주상복합 아파트 시대가 열렸습니다. 부동산 시장은 냉탕과 온탕을 계속해서 오갔습니다.

김대중 정부 시기의 부동산 폭등에 이어, 노무현 정부는 강력한 규제정책을 펼쳤습니다. 이어진 이명박 정부는 취임하자마자 2008년 리먼브러더스 금융위기를 맞았습니다. 정책은 규제에서 다시 완화로 돌아서서 세금을 완화

혹은 면제하고, 투기지역 투기과열지구를 해제했습니다. 박근혜 정부도 완화 기조를 이어갔습니다. LTV(주택담보대출비율), DTI(총부채상환비율)가 70%까지 가능하도록 하는 등 금융규제를 크게 완화했습니다. 깡통주택, 미친 전셋값 이라는 말도 나오던 시기입니다. 정부가 "빚내서 집 사라"라고 투기를 조장한 다며 비난이 이어지기도 했습니다.

다음으로 들어선 문재인 정부는 대대적인 규제정책을 이어갔습니다. 정부의 강력한 규제에도 부동산 가격 상승은 계속 이어졌습니다. 이 책을 마무리하는 현재, 윤석열 정부가 취임했습니다. 부동산 규제 완화 기조로 시작한 윤정부에게 부동산시장의 안정을 기대하는 사람들이 많습니다.

"맞아, 부동산 한시적 양도 세면제라는 정부의 발표가 있으면 부동산 하락의 정점이라고 볼 수 있어. 바닥을 찍었다는 거지. 2013년에도 한시적 면제가 있었어. 이 시기에 해당 부동산을 산 사람들은 5년간 양도세를 한 푼도 내지 않았지."

"그런데 정부 정책이 부동산과 상관이 많아요?"

"아주 큰 상관이 있어. 정부는 부동산 시장을 세금과 대출로 조절하거든."

"정부가 조절한다는 게 무슨 뜻이에요?"

"정부는 시장을 안정적으로 만들기 위해 노력해. 부동산 시장이 너무 과열이 되는 것 같으면 세금을 올리고, 대출을 규제하지. 반대로 부동산 시장이 지나치게 하락하면 양도세를 깎아줘. 심지어는 아예 안 받기도 해."

"와, 세금을 안 받을 수도 있군요. 그럴 때 투자하면 되겠어요."

"맞아, 양도세 비과세라는 정부의 발표가 있으면 부동산 하락의 정점이라고 볼 수 있어. 바닥을 찍었다는 거지."

"정부의 발표로 집값이 가장 저렴한 시기를 알아차릴 수 있다는 거네요."

"우리 아들, 이해가 빠른데!"

"정부 정책이 어떻게 바뀌는지 잘 체크해야겠어요. 뉴스를 보면 되죠?"

"뉴스만 보지 말고, 정부의 보도자료를 보는 게 좋아."

"보도자료가 뭐예요?"

"정부는 국민에게 알릴 일이 있으면 각 언론사에 보도자료를 보내. 기자들은 보도자료를 보고, 국민들이 알기 쉽게 기사로 써서 내보내지. 만약 국토교통부의 발표라면 국토교통부 홈페이지에 보도자료가 올라와 있을 거야. 직접 홈페이지에 방문해서 원문을 읽도록 해."

"누구나 볼 수 있어요?"

"당연하지. 동화책도 번역판과 원문은 느낌이 다르잖아. 엄마는 원문으로 읽을 때 정부의 메시지가 더 잘 이해되더라. 아들도 해봐."

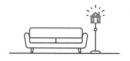

서울 부동산 & 지방 부동산

돈 없이 경매로 내 집 마련하는 방법

"엄마, 내일 엄마 차 빌려 써도 돼요? 친구들을 태워야 하는데, 제 차가 좁아서요."

"미안! 내일은 엄마가 세종에 다녀와야 해. 임차인이 이사 가서 정리를 좀 해야 하거든."

"관리하는 물건이 멀리 있으면 힘들 것 같아요. 임차인이 나갈 때마다 항상 가봐야 해요?"

"항상은 아니야. 이번 임차인은 오래 살던 사람이라, 집 상태를 직접 확인해야 할 필요가 있거든. 한 5년 만에 가는 것 같다."

"그런데 왜 멀리 지방에 투자하는 거예요? 서울, 수도권만 하면 편할 텐데요."

"지방에 투자하는 이유는 크게 세 가지야. 첫째, 가성비가 좋아. 서울보다 저렴하지. 둘째, 서울과 사이클이 달라. 서울이 빠질 때 지방은 오르기도 하거든. 셋째, 규제지역 밖이야. 서울과 수도권은 대부분 규제지역이잖아. 지금부터 지방 부동산에 대해 이야기해 줄게."

　다주택자에게 대출제한이 없던 시절, 저는 현금흐름을 목적으로 지방 부동산에 투자했습니다. 매매가는 저렴하고 임대가는 높았기 때문이지요. 월세 받아 대출이자를 내고 남는 금액이 임대소득입니다. 매매가가 1억원인 물건을 저렴하게 9,000만원에 낙찰 받아, 보증금 2,000만원에 월세 40만원으로 임대를 놓는 식이지요. 대출이 80% 나오면 총대출금은 7,200만원, 이자는 연 5% 금리일 때 연 360만원이니까, 월 30만원입니다. 보증금이 2,000만원이니, 세금까지 포함한 취득세도 모두 회수할 수 있었습니다. 월세 40만원을 받아서 이자를 30만원 내고 나면, 한 물건에 10만원이 남습니다. 같은 유형으로 20개에 투자하면 200만원의 월세흐름이 생깁니다.

> **낙찰가 9,000만원, 월세: 2,000만원 / 40만원**
> **대출 7,200만원(이율 5%) = 이자 연 360만원(월 30만원)**
> **월세 40만원 - 이자 30만원 = 현금흐름 10만원**

"엄마는 처음 경매를 시작할 때 이런 방식으로 3년 만에 21채의 집을 살 수 있었어. 돈 없이 경매했던 방법을 책으로 써서 사람들에게 알려주었지."

"저도 이렇게 할래요. 돈이 거의 들지 않잖아요."

"물론 너도 이렇게 할 거야. 그런데 이제는 예전처럼 여러 채를 할 수는 없어."

"아쉬워요. 이유가 뭐예요?"

그 이유는 다주택자에 대한 여러 규제 때문입니다. 주택임대사업자의 종부세 합산배제 혜택이 사라져서 여러 채를 보유할수록 세금이 높아졌습니다. DSR(총부채원리금상환비율) 규제가 생기면서 추가대출도 어려워졌지요. 이자만 내던 대출상황도 바뀌었습니다. 임대인 입장에서는 매달 내는 이자(+원금)가 많아졌으니 현금흐름이 나빠졌습니다(주택에 대한 대출상환 방식은 원금과 이자를 함께 납입하는 원리금균등분할상환 방식입니다). 그러다 보니 현금흐름을 얻기 위한 투자는 더 이상 곤란하게 되었습니다.

지방 부동산 해석하기

그러면, 앞으로는 지방 부동산 투자를 어떻게 바라보아야 할까요?

지방 부동산 투자를 크게 두 가지로 나누어 봅시다.

하나는 실수요자를 위한 투자입니다. 지방의 실수요자는 상권과 연식, 브랜드에 관심이 많습니다. 대전 둔산동, 대구 수성구, 부산 사직동 등 몇몇 특별한 지역을 제외하면 학군에 대한 관심은 낮습니다. 지역별로 실수요자가 원하는 좋은 입지의 아파트가 정해져 있어서 저렴하게 취득하기가 쉽지 않지요.

나머지 하나는 다른 투자자를 위한 투자입니다. 투자 대상인 집에 살고 있는 사람은 전세 세입자이고, 매도자는 투자자, 매수자도 다른 투자자인 경우입니다. 전세가 오르면 매매가도 따라 오르므로 시세차익을 남기고 매도하는 구조이지요. 이러한 갭투자는 다른 투자자들이 썰물처럼 빠져나갈 경우, 제때 팔지 못할 위험이 있습니다. 아무리 싸게 내놓아도 팔리지 않지요. 설상가상으로 전세가까지 하락하면(역전세), 내 돈으로 모자란 전세금을 내어주어야 할 수도 있습니다.

대한민국 전체 인구 중 서울과 수도권에 절반이 모여 살고 있습니다. 왜일까요? 지방의 면이나 읍 지역은 물론이고 중소 산업도시에조차 인프라가 없기 때문입니다. 대기업의 본사, 대학, 병원, 위락시설은 서울과 수도권에 몰려 있습니다. 특히 대학은 심각한 상황입니다. 대학이 "벚꽃 피는 순서대로 문 닫는다"라는 이야기도 있지요. 대학이 문을 닫으면 그 파장은 지역의 일자리로 이어집니다. 지방 거점 국립대 9개 중 8개가 정원 미달되었습니다. 유능한 젊은이는 모두 수도권으로 가기에, 기업은 지방에서 인재를 구할 수 없습니다. 기업에는 남방한계선이 있다고 합니다. 사무직은 판교라인, 엔지니어는 기흥 IC에 있는 회사까지만 갈 수 있다는 것이죠.

노무현 정부 시절 「균형발전 3대 특별법」으로 서울의 자원을 떼어 지방에 10개의 혁신도시를 만들었고, 공공기관 112곳이 내려갔습니다. 그러나 다음 정부로 이어지지 못한 이 사업은 혁신도시를 유령도시로 만들었습니다. 나주 혁신도시의 상가공실률은 70%에 달합니다. 아파트가 2만세대인데, 상가도 2만개가 공급되었으니 당연한 결과였지요.

그렇지만 지방에도 기회는 있습니다. 강남에 비해 강북이 저렴한 것과 같이 지방에는 더 저렴한 물건이 많습니다. 사람이 적은 만큼 좋은 물건의 수도 많지 않은데, 지방 내에서도 입지 좋은 아파트는 늘 수요가 있기 마련입니다. 경쟁도 덜하고 임대수익률도 꽤 좋습니다. 매매가는 저렴한 반면, 임대가는 크게 차이가 나지 않기 때문입니다. 다만, 앞서 말씀드렸듯이 다주택자의 규제 상황을 체크해보아야 합니다(정부정책에 따라 규제 상황은 달라집니다. 주택을 매매할 당시 현재 상황이 어떤지 확인하세요).

몇 가지 주의할 점도 있습니다.

첫째, 신규공급이 있으면 기존 주택의 가격이 크게 흔들립니다. 인구수가 적을수록 더 크게 영향을 받습니다. 인구가 100만 이상인 거점도시가 아니라면 주의하세요.

둘째, 실수요자가 받아줄 물건이 안전합니다. 투자자들끼리 사고파는 폭탄 돌리기 게임용 부동산인지 확인하세요. 결국 실수요자가 받아줄 물건이 아니라면 빠져나오지 못하고 물릴 수도 있습니다.

셋째, 수익도 조금만 욕심내세요. 서울만큼 오르지 않는다고 서운해하면 곤란합니다. 저렴한 물건이니 수익도 그만큼 적게 나는 게 당연합니다.

이제, 부동산의
밑그림을 그립시다

이상한 수강생

십여 년 전 경매수업을 막 시작했을 때, 이상한 수강생이 있었습니다.

보통 온라인으로 수업을 신청하는데 이 수강생은 몇 번이나 전화로 문의를 해왔습니다.

"경매수업 장소가 어디예요?"

"강남역 8번 출구 쪽이에요."

"아, 잘 모르겠는데…. 어떻게 가는지 엄마한테 물어볼게요."

마마보이인가 생각했는데, 알고 보니 정말 어린 수강생이었어요. 이제 막 수능 시험을 친 갓 스무 살이었지요. 이 학생은 매주 지방에서 버스를 타고 서울로 경매 공부를 하러 왔습니다. 부동산 공부가 너무 하고 싶어 엄마를 졸라 경매 공부를 하러 온 거였지요(아빠는 서울로 재수학원에 다니는 줄 아셨답니다).

"어떻게 경매 공부를 할 생각을 했어요?"

말이 별로 없는 이 학생에게서는 제대로 된 답을 들을 수 없었지만, 학생의 엄마와 통화할 기회가 있었습니다.

"제가 예전부터 부동산 투자를 좀 했어요. 현장이나 부동산에 갈 때 아이들을 맡길 곳이 없어 데리고 다녔어요. 그런데 저를 따라다니면서 귀동냥으로 들었는지, 이것저것 훈수를 두더라고요. 여긴 괜찮은 것 같다, 저기는 별로다. 그런데 아이가 감이 있더라고요. 나중에 아이에게 의견을 물어가며 투자를 했지요. 아이의 첫 투자 자금이요? 아이 외삼촌이 2,000만원을 투자했어요. 배로 돌려주겠다던데요."

이 학생은 매주 토요일 청주에서 올라와서 오전에는 수업을 듣고, 오후에는 인천으로 임장을 갔습니다. 그러고는 수업이 끝날 즈음 첫 낙찰을 받았습니다. 혼자 힘으로 명도하고, 임대를 맞추더니 임대사업자를 냈습니다. 공부에는 취미가 없고 부동산이 재미있다던 이 학생이 지금은 어떻게 지낼지 궁금합니다. 그때로부터 10년이 지났으니 아마 자산을 꽤 일구지 않았을까요?

아는 만큼 보이는 부동산

부모도 잘 모르는 부동산을 아이에게 어떻게 가르칠까요? 아는 만큼 보입니다. 아이에게 알려주려면 부모가 먼저 알아야 해요. 그러나 학교에서 가르쳐주지 않아서 엄마도 아빠도 배우지 못했지요.

이제부터 부동산에 대해 무엇을 알아야 하고, 어디까지 알려줘야 하는지 함께 이야기해볼 겁니다. 그러려면 지금부터 부동산 밑그림을 그려야 해요. 부동산에서 변하지 않는 네 가지 질문의 답을 함께 찾아봅시다.

1. 왜 부동산일까?
2. 부동산이 왜 필요할까?
3. 언제 투자해야 할까?
4. 얼마나 투자해야 할까?

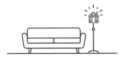

부동산 밑그림 ❶

왜 '부동산'일까?

부동산은 실물자산

자산을 이루고 불리고 지키는 데 부동산이 정답이 아니라고 한다면, 달리 무엇이 있을까요? 돈이 돈을 버는 것을 자본소득이라고 합니다. 자본소득을 가진 자산가들은 시간을 팔아 일하지 않고, 돈이 스스로 일하게 합니다. 부동산 투자는 자본소득을 이루는 대표적인 방식입니다. 이들은 부동산에 임차인을 들여 월세를 받거나, 매도하여 시세차익을 만들어 냅니다. 부동산 외 다른 자본소득도 있습니다. 주식은 물론이고, 최근에는 코인이 여기에 합류했습니다.

이 중에서 부동산은 실물자산이기도 합니다. 대표적인 실물자산으로는 부동산 외에도 금, 골동품, 그림 등이 있습니다. 위기상황에서 금은 화폐의 역할을 하기도 합니다. 전쟁 시에는 금이빨을 뽑아 돈을 마련하기도 했다지요. 자산가들은 이들 실물자산을 종류별로 보유하고 있습니다.

화폐의 시간가치에 강한 부동산

2022년 러시아의 우크라이나 침공으로 러시아 기업들의 주식이 곤두박질쳤습니다. 99% 폭락해 휴지조각이 되어 버린 주식도 있습니다(러시아 최대 은행인 러시아 스베르은행 주식의 종가는 2022년 고점 대비 고작 4%를 유지했지요). 주가가 곤두박질할 때 서방 국가들은 러시아 재벌들의 빌라와 요트를 압류했습니다. 주식은 휴지조각이지만 실물자산인 요트는 제 가격을 받으니까요. 러시아 갑부 모르다쇼프가 소유한 요트 레이디 엠의 가격은 7,100만달러(860여억원), 또 다른 러시아 갑부 팀첸코가 소유한 요트는 5,500만달러(660여억원) 상당입니다. 요트는 실물자산이기에 러시아가 아닌 유럽에서도 자산가치가 하락하지 않았습니다.

부동산은 움직이지 않기에 부동산입니다. 자산가들은 실물자산인 부동산에도 세계적으로 분산투자를 하고 있습니다. 돈 많은 중국인들이 LTV, DTI 규제를 받는 한국인보다 유리한 입지에서 한국에 부동산 투자를 하는 것이 문제가 되기도 했습니다.

2021년 12월 중국의 대형 부동산개발업체 헝다그룹이 파산했습니다. 헝다그룹의 채무는 3,000억달러로 세계 최대입니다. 2022년 현재 중국 정부 주도 하에 대규모 채무조정에 들어간 상태입니다.

한때, 헝다그룹이 파산하면 한국 부동산이 폭락할 수도 있다는 우려가 있었습니다. 한국 부동산에 투자한 중국인이 자금을 모두 회수한다면, 제2의 리먼브러더스 사태로 이어질 수 있다는 우려도 있었지요. 결과적으로 헝다그룹 파산은 금융 시장은 물론, 국내 부동산 시장에 별다른 영향을 미치지 못했습니다.

투자자 입장에서 국내 시장이 불안하면 오히려 해외 부동산을 보유하려는 심리가 발생합니다. 2022년 코로나로 인해 상하이, 베이징 등 대도시 봉쇄가 장기화하자, 중국 소셜미디어 위챗에서는 '이민' 검색량이 크게 늘었습니다. 중국 부유층은 이미 전 세계를 대상으로 부동산을 매수하고 있습니다.

평소 우리가 가장 많이 사용하는 현금은 위기상황은 물론 시간을 고려할 때 가장 불확실한 자산입니다. 화폐의 시간가치 때문이지요. 시간이 흐르면 물가가 오르는 데 반해, 화폐 가치는 조금씩 하락합니다. 이것을 인플레이션이라고 합니다. 대출을 받고 내는 이자는 미래의 돈을 앞당겨 쓰는 것에 대한 시간비용입니다. 금리는 시간비용에 대한 가치를 숫자로 나타낸 것이고요.

요즘 초등학생들은 일주일에 5,000원인 용돈으로 과자 사먹기도 힘들다고 합니다. 예전엔 5,000원으로 과자 네 봉지를 살 수 있었는데, 지금은 세 봉지 밖에 못 사니까요. 유통원가가 오르고, 밀가루 값이 오르고, 버터 가격이 오르면서 과자 가격도 올랐습니다.

일반적인 상황에서 시간이 흐를수록 가격이 오르는 것은 당연합니다. 인플레이션이 심할수록 어제의 만원과 오늘의 만원의 가치가 다릅니다. 유가가 오르고, 라면값이 오르면 그만큼 급여도 오르겠지요. 물가가 오르면 부동산 가격은 더 빠르게 오릅니다. 좋은 지역의 부동산은 급여를 모아 살 수 없는 수준입니다. 그래서 이자를 지불하면서(시간비용에 대한 대가) 대출을 받아(미래의 소득을 앞당겨) 내 집을 마련하는 것이지요.

부동산은 화폐의 시간가치에 강한 자산입니다. 시간이 지날수록 늘 더 오릅니다. 지구에 토지는 한정되어 있는데, 사람들이 몰려 사는 곳의 토지는 더욱 한정적이니까요.

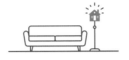

부동산 밑그림 ❷

부동산이 왜
'필요'할까?

돈이 없을수록 부동산을 공부해야 합니다

재산을 지키고, 자산을 불리기 위해 부동산은 선택이 아닌 필수입니다. 일단 내 집이 없으면 임차인으로 살아야 합니다. 어디선가 살아야 하기에 임차인에게도 부동산이 필요합니다. 임차인은 집주인에게 거액의 보증금을 주고 전세로 살거나 월세를 내면서 살게 됩니다. 하지만 임차인으로 살더라도 자신의 권리를 알아야 합니다. 그래야 집주인에게 맡긴 보증금을 지킬 수 있습니다. 법은 자신의 의무를 다하지 않은 임차인은 보호하지 않기 때문입니다.

사회초년생은 처음으로 부동산을 취득하여 자산을 형성하기 시작합니다. 눈사람을 만들 때는 처음이 어렵지요. 한번 제대로 뭉친 눈은 잘 굴러갑니다.

종잣돈으로 작은 눈덩이를 만들었다면, 점점 크게 굴리기 좋은 것이 바로 부동산입니다. 길을 잘 보고 하얀 눈이 곱게 깔린 곳으로 눈덩이를 굴려야지요. 괜스레 흙이 섞인 곳에 굴리다간 눈덩이가 엉망이 될 것입니다. 부동산 투자에서는 주의해야 할 점도 많고, 알아야 할 것도 많습니다. 돈이 없을수록 부동산 공부는 필수입니다.

부자들이 더 열심히 공부합니다

제 수업에 오는 수강생 중에는 이미 자산가가 많습니다. 이들은 이미 어지간한 정보는 알고 있는데도 누구보다 열심히 공부합니다. "내가 경매를 알았으면 건물을 몇 채 더 샀을 텐데…"라던 건물주도 있었습니다. 이미 건물을 여러 채 소유한 A씨는 일흔이 훌쩍 넘은 분이셨습니다. 연세가 있으셨는데도 인터넷에 능숙했기에 경매물건을 검색하는 데 어려움이 전혀 없으셨어요. 수업 중 원하는 물건찾기 과제가 있었는데, 젊은 수강생 못지않게 부지런히 물건을 찾고 현장답사를 하셨습니다. 결국 얼마 지나지 않아 따님을 위한 부동산을 낙찰 받으셨지요.

자산가는 태도가 남다릅니다. 당장 투자할 물건을 고려하고 있기에 더 적극적으로 수업에 참여합니다. 이들에게는 타인의 기술을 내 것으로 만드는 비법이 있습니다. 성과를 내려면 먼저 욕구, 즉 하고자 하는 강한 의지가 있어야 합니다. 한번 알아나 보자는 정도가 아닙니다. 열심히 배우겠다는 태도는 욕구에서 시작되며 적극적인 태도로 지식을 습득하게 합니다.

돈이 없다면 자산가들보다 더 열심히 노력해야 합니다. 과거와 달리 지금은 정보가 다 공개되어 있어서 의지만 있다면 누구나 배워서 투자할 수 있습니다.

모르는 것을 가르쳐주는 곳은 너무나 많습니다. 저도 수없이 많은 강의를 했습니다. 제 강의를 들은 누군가는 성공하여 자산가로 다시 태어났고, 누군가는 자산시장을 떠났습니다. 이들에게 어떤 차이점이 있을까요? 바로 전자는 배운 것을 적용하고 스킬화하는 사람이라는 것입니다.

다시 말하지만, 자산 불리기에 부동산만 한 것은 없습니다. 당신에게 부동산이 필요하다면 배워서 가지세요!

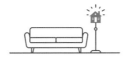

부동산 밑그림 **3**

'언제' 투자해야 할까?

투자 타이밍은 나의 자산이 기준이다

투자 시점에 대하여 시장흐름과 정책에 관한 이야기가 많습니다. 앞으로 하락장이니까 현금을 보유하라느니, 쭉 상승장이니까 지금이라도 올라타라 느니…. 그런데 내일 무슨 일이 일어날지 인간이 어떻게 알까요? 누구도 내일 을 알지 못합니다. 그저 시장의 흐름은 예측하려고 노력할 뿐입니다.

자신만의 기준 없이, 남들이 한다니까 따라가서 물건도 안 보고 입금하는 일은 하지 마세요. 집값이 오르는 타이밍에 무리한 영끌은 조심해야 합니다. 아마도 그 좋은 물건이 초보인 당신에게까지 오진 않을 것입니다. 자칫 잘못 했다간 10년은 꼬박 물려있어야 합니다.

정책과 사이좋게 손잡고

정부의 부동산 정책도 고민의 포인트입니다. 그동안 정부는 정책으로 세금을 강화하고, 대출을 제한하며 부동산 상승을 저지하려는 의지를 보였습니다. 그런데 결과는 어땠나요? 정책이 투자자와 반대로 가는 날이 많았습니다. 그렇다고 정책과 반대로 가라는 뜻은 아닙니다. 자칫 크게 거스르면 세금폭탄을 맞을 수 있으니, 오히려 정부의 정책 방향과 결을 맞추어 가야 합니다. 정부 정책은 그 속뜻을 잘 들여다봐야 합니다.

"규제지역은 왜 규제지역일까?"

곧 오를 것이 예상되는 지역이기 때문입니다. 오른다고 미리 찍어주는 것과 같습니다. 정부에서 규제지역을 정해 주면 그 옆 동네로 가면 됩니다.

"대출 제한은 어디에 할까?"

바로 가계대출에 합니다. 즉, 사업자대출은 대상이 아니라는 거지요. 정부 정책에 정면으로 맞서지 마세요. 하지만 그 속뜻은 잘 알아차리세요.

금리와 부동산의 상관관계도 주요 포인트입니다. 금리가 낮으면 부동산투자에 나서기에 부담이 없는 것은 사실입니다. 하지만 최적의 투자 타이밍 시절의 금리를 확인해 보셨나요? 제가 처음 부동산 투자를 시작한 2010년의 평균금리는 5% 전후였습니다. 되돌아보면 금리가 높아 투자하기 힘들고 부동산 시장이 하락해서 아무도 투자하려고 하지 않을 때가 타이밍이었습니다 (2022년인 지금도 금리가 높아 부동산이 폭락할 것이라는 주장이 있습니다. 하지만 과거 사례를 보면 부동산 시장에 대한 전망은 금리만으로는 부족합니다).

스스로 확신이 설 때가 가장 좋은 타이밍

지금이 좋은 타이밍인가요, 나쁜 타이밍인가요? 적정 타이밍은 과연 언제일까요? 이 질문에 답하려면 나만의 기준이 있어야 합니다. 적정 수익률을 기준으로 할 수도 있고, 최소한의 입지를 따져볼 수도 있습니다. 학군, 교통, 호재 등 나만의 중요 기준이 있어야 합니다. 물론 처음에는 이 기준이 없을 것입니다. 초보일 때는 나에게 집중하세요.

"내가 과연 할 수 있을까? 리스크를 감당할 수 있을까? 다른 더 좋은 선택은 없을까?"

나의 가능성을 기준으로 일반적인 질문을 한 후 선택합니다. 특히 내 집 마련에는 내 마음의 준비가 중요합니다. 고기도 먹어본 사람이 먹고, 집도 사본 사람이 또 삽니다. 첫 집을 살 때 평생 살아갈 마지막 집을 사는 것처럼 굴지 마세요. 첫 집부터 최고의 집을 살 수 있으면 좋겠지만 현실은 녹록지 않습니다. 부모님이 도와주거나, 본인의 능력이 출중하여 충분한 자본이 있다면 좋겠지만 현실은 그렇지 않으니까요.

첫 집부터 똑똑한 한 채를 기다리지 말고, 할 수 있는 여력 내에서 최대한 빨리 내 집을 마련하기를 권합니다. 이후 조금 더 나은 집으로 이사하며 갈아타기를 하면 됩니다. 똑똑한 한 채는 집이 여러 채 있는 다주택자가 선택할 문제입니다.

한 유명한 와인전문가가 사람들에게 좋은 와인을 고르는 비법을 알려주었습니다. 잘 모를 때는 비싼 와인을 고르라고 했지요. 물론 저렴한 와인 중에도 품질 좋은 것이 있을 수 있습니다. 하지만 비싼 것으로 고르면 실수가 적습니다. 부동산도 마찬가지입니다. 비싼 부동산이 좋은 부동산인 것을 우리 모두가 압니다. 비싼 부동산을 누구나 살 수 있는 건 아니지만, 잘 모르겠으면 내가 살 수 있는 한도 내에서 지금 살 수 있는 최선의 부동산을 선택하세요.

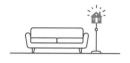

부동산 밑그림 4

'얼마나' 투자해야 할까?

얼마나 투자해야 할까요?

부동산을 살 때는 내가 가진 자산에 대출가능금액이나 임대가능금액을 더하여 물건의 가격을 정합니다. 전액 내 돈으로 사지 않습니다(설마 아직도 대출이 싫다고 하는 건 아니겠지요?). 부동산 구입 시 대출은 필수입니다. 대출 대신 임차인을 들일 수도 있습니다.

예를 들어볼까요? 10억원짜리 집을 사는데 전세가 7억원이면 내 돈은 3억원이 필요합니다. 전세를 주면서 동시에 대출을 받을 수는 없습니다. 은행도 전세 세입자도 허락하지 않습니다. 만약 내가 들어가 살 집이라면 감당할 만큼만 대출을 받고, 나머지는 내 돈이 들어갑니다. 같은 가격의 부동산이라면 임대할 때보다 돈이 더 많이 필요하겠지요.

그래서 몸테크도 많이 합니다. 본인은 낡고 저렴한 곳에 전세로 살면서, 좋은 아파트를 사서 전세로 주는 방법입니다. 현금흐름이 원활하다면 살던 집을 팔고 월세로 살면서 전세 끼고 집을 사기도 합니다.

3억원짜리 집을 팔아 보증금 5,000만원에 월세 50만원인 월셋집으로 이사한다고 칩시다. 그 돈으로 7억원짜리 집을 삽니다. 전세가 5억원이니 남은 2억 5,000만원으로 충분히 잔금을 치를 수 있습니다. 조금 남는 돈으로 월세를 충당하기도 합니다. 원래 살던 3억원짜리 집보다 7억원짜리 집의 입지가 좋으니 더 많이 오를 것으로 기대하고 이렇게 하는 것이지요. 실제 지난 2년간 우리는 7억원짜리 부동산이 15억원이 되는 것을 목격했습니다. 두 배는 아니더라도 충분히 투자가치가 있습니다(단, 이것은 가족이 없을 때 가능한 방법입니다. 아무리 투자라도 아이들과 원룸에서 우글우글 살 수는 없으니까요).

경매로 생각해 볼까요?

보통 자신이 사는 집은 대출+내 돈, 전세로 주는 집은 전세금+내 돈, 월세주는 집은 대출 가능한 만큼 가득+임차인의 소액보증금+내 돈입니다. 월세로 낼 때 가장 돈이 적게 들지요. 임차인의 소액보증금은 최우선변제금 내의 금액이라 크지 않지만, 대출을 상환하지 않아도 되기 때문에 자금흐름에서 유리합니다. 임차인 입장에서는 혹시 경매가 진행되더라도 순서에 상관없이 배당 받기에 안전합니다. 은행도 보증보험이 있어서 안전하고요. 월세 계약 시 중개사가 최우선변제금액 내에서 보증금을 조정하는 경우가 많습니다. 다만, 지금은 2주택부터 대출제한이 있으므로 주택으로 월세 수익을 내기가 쉽지 않은 상황입니다.

　이렇듯 내가 가진 종잣돈의 크기와 부동산의 사용용도를 선택하여 투자금을 결정하세요.

지금 경매
시작해도 될까요?

요즘 낙찰가가 너무 높은데 경매하는 의미가 있을까요?

감정가는 법원에서 공신력 있는 감정평가회사에 의뢰하여 전문 감정평가사가 책정한 가격입니다. 감정평가사는 최근거래가 등을 반영하여 감정가를 정합니다. 부동산에는 감정가 외에도 여러 가지 가격이 있습니다. 대출하기 위한 기초가 되는 KB시세, 실제 거래된 가격인 실거래가, 부동산중개소에서 올려둔 매물의 호가 등이 있지요.

같은 부동산이라도 각각 가격이 다릅니다. KB가격이 대출을 위한 가격이기에 조금 낮다면, 경매의 감정가는 배당을 위한 가격이기에 조금 높은 편입니다. 안정된 부동산 시장에서 감정가는 시세보다 약간 높은 것이 정상입니다. 그래서 일반적으로 한 번, 혹은 두 번 정도 유찰되었을 때가 적정입찰가입니다.

그런데 최근 몇 년간 부동산 가격이 급등한 시장에서는 상황이 다릅니다. 최소 6개월 전에 감정한 감정가는 이미 과거의 가격이 되었습니다. 6개월 전에는 시세보다 다소 높은 가격이었지만, 입찰기일이 다가온 지금은 감정가가 시세보다 저렴한 경우가 흔합니다. 더 오래전에 감정한 물건의 감정가는 더 저렴합니다.

아래 반포자이아파트의 최초 감정가격은 48억원이었습니다. 그런데 입찰시점에 이 아파트의 마지막 실거래가는 72억원이었습니다. 실수요자 수요층이 탄탄한 이 물건은 69억원에 낙찰 받아도 적정한 가격으로 보입니다. 감정가 대비 142%지만 잘 받은 낙찰입니다. 부동산 시장이 상승세일 때는 감정가보다 높게 낙찰 받는 일이 흔합니다. 그래도 시세보다 저렴하니까요.

그 외에도 감정가보다 높은 낙찰가에는 몇 가지 이유가 있습니다. 토지거래허가구역 내에 있는 부동산을 경매로 낙찰 받으면 허가가 필요 없기 때문에 시세보다 높은 가격을 지불할 만한 충분한 이유가 됩니다. 채권자가 참여하는 경매에서도 높은 금액에 낙찰이 이루어지는 경우가 있습니다. 채권자는 자신이 배당 받을 금액 내에서 입찰하는데, 어차피 자기가 배당 받기 때문에 높은 가격으로 입찰해도 상관없습니다. 잔금을 배당금으로 대신하는 상계로 처리하면 되니까요. 간혹 가치 있는 물건이 저렴하게 나오기도 합니다.

아래 토지는 입찰자가 50명이 넘었고 낙찰가는 감정가 대비 229%였습니다. 특별할 것 없어 보이는 이 토지는 바로 옆의 국유지를 내 집 마당처럼 쓸 수 있는 특별한 토지였습니다.

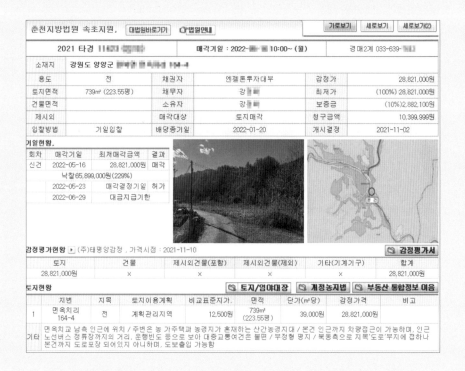

입찰가를 정할 때 감정가를 기준으로 하지 마세요. 현재 시점의 물건의 가치를 제대로 판단하여 입찰가를 정하세요.

기왕이면 세금 내는 부동산 부자가 되어라

입지의 첫 번째는
교통

어디에 있는 부동산을 사야 할까?

"이제 입찰을 어떻게 하는지 알겠어요. 그런데 어디에 있는 부동산을 사야 하죠?"

"아들 생각에는 어디에 있는 부동산을 사면 좋을 것 같아?"

"좋기는 당연히 서울 강남이 좋겠죠. 대한민국의 중심이잖아요."

"그렇지. 그런데 왜 안 사지?"

"안 사는 게 아니고 못 사는 거죠. 강남 아파트는 못해도 20억은 하니까요."

"그렇지. 비싸고 좋은 부동산이 무엇인지는 누구나 알아. 하지만 살 수 없는 이유는 늘 가진 돈보다 더 좋은 부동산을 원하기 때문이야. 그렇다면 어떤 기준으로 부동산을 선택해야 좋을까?"

"음, 제가 살 수 있는 부동산이 어디에 있는지 먼저 알아야 할 것 같아요. 괜히 강남 아파트를 검색해봐야 제겐 그림의 떡이잖아요."

"하하, 맞아. 강남 아파트는 손이 닿지 않는 높은 곳에 달린 잘 익은 포도 같은 거야. 어떤 사람들은 그 포도만 바라보고 침만 흘리다 포기해 버리지."

"포도밭의 여우 이야기군요. '어차피 저 포도는 시어서 맛도 없을 거야' 하는 게 '어차피 집이 있으면 세금만 많이 낼 거야'와 같네요."

"비유가 참 적당하다. 제일 좋은 포도여야 하는 건 아니야. 손에 닿는 포도들 중에서 가장 잘 익은 것으로 고르면 되잖아. 부동산도 좋은 물건만 바라보면서 임차인으로 머물면 안 돼. 가진 돈의 한계 내에서 선택할 수 있는 여러 기준을 비교 분석해서 최선의 선택을 해야 하지."

"나의 한계 안에서 최선의 선택을 해야 하네요. 그 선택을 어떻게 하면 좋을까요?"

"입지에 대해 먼저 이야기해 볼까?"

최선의 선택 기준은 입지

최선의 선택 기준은 바로 입지입니다. 입지는 교통, 직장, 교육(학군, 보육), 생활서비스, 편의시설, 자연환경을 말합니다. 입지 요건 중 가장 중요한 것은 단연코 교통입니다. 호재, 악재 모두 교통이 기본이지요.

❶ 지하철

　서울과 수도권, 대도시의 대표적인 교통수단은 지하철입니다. 서울과 수도권의 지하철은 더욱 촘촘히 연결되고 있으며, 새로운 노선 개통소식이 있을 때마다 해당 지역은 호재로 들썩들썩합니다. 허허벌판에 아파트만 달랑 있다가 이 지역에 지하철이 들어서면 부동산의 가치가 달라집니다. 살인적인 서울의 주거비용을 피해 이주한 경기도민에게 부동산의 가치는 직장으로 이동이 얼마나 편리한가에 달려 있습니다.

　특히, 지하철 연장개통은 인근 부동산의 가치를 상승시킵니다. 9호선은 3단계까지 개통되었는데, 2028년 준공을 목표로 현재 4단계 공사를 진행 중입니다. 4단계까지 연결되면 강동지역과 송파, 강남, 서초, 동작, 영등포, 강서지역이 연결됩니다. '서울 강동-경기 하남-경기 남양주 간 도시철도 사업'을 통해 하남과 남양주까지 지하철을 연결할 예정입니다. 이 지역이 연결되면 왕숙1지구, 왕숙2지구에서 잠실, 삼성, 반포로 출퇴근이 가능해집니다. 8호선 연장은 암사역에서 시작하여 구리시와 남양주 별내까지 이어지는 사업입니다. 2023년부터는 남양주 별내에서 잠실까지 20분대에 도착할 수 있습니다.

　하지만 모든 교통수단이 호재인 것은 아닙니다. 서울 중심으로 연결되지 않는 교통수단은 부동산 가격에 그리 영향을 주지 못합니다. 용인과 수원을 연결하는 용인경전철, 버스보다 불편한 의정부경전철은 이용객이 많지 않습니다. 교통은 수단 그 자체가 중요한 것이 아니라, 이용객이 효율적으로 이용할 수 있어야 가치가 있습니다. 많은 사람들이 이용하는 노선인지, 기존 교통수단보다 편리한지, 갈아타기 좋은 노선인지 등을 함께 고려하세요.

　교통호재는 기사로 판단하면 안 됩니다. 오피스텔분양, 상가분양 시 지역의 호재를 강조하는 광고홍보성 기사가 많습니다. 진행상황과 사실 여부는 국토교통부, 기획경제부, 서울시 등 각 지자체 관계부처의 보도자료, 고시, 공고자료를 직접 확인하는 것이 좋습니다.

❷ GTX

GTX는 최근 수도권에서 가장 관심 높은 교통수단입니다. GTX는 수도권 전역을 30분 내에 연결하기 위해 2007년 경기도가 국토부(당시 국토해양부)에 제안해 추진됐습니다. GTX는 지하 40~50m의 공간을 활용하여 노선을 직선화하고 시속 100km 이상(최고 시속 200km)으로 운행하는 신개념 광역교통수단입니다.

3기 신도시는 정부가 추진 중인 「수도권 주택공급 확대방안」

GTX와 3기 신도시

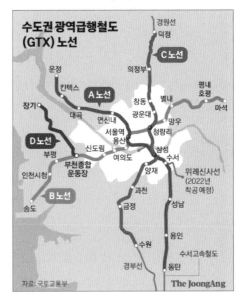

등의 일환으로 수도권 주택시장 및 서민 주거 안정을 위해 계획한 공공주택지구입니다. 신도시로는 남양주 왕숙1·왕숙2, 하남 교산, 인천 계양, 고양 창

릉, 부천 대장, 광명 시흥, 의왕·군포·안산, 화성 진안이 있고, 대규모 택지로는 과천 과천, 안산 장상, 인천 구월2, 화성 봉담3이 있습니다. 3기 신도시는 GTX, S-BRT와 같은 다양한 교통수단을 통해 주요 도심까지 30분이면 도착할 수 있고, 신도시 내에서는 10분 안에 대중교통과 연결되는 미래교통도시입니다.

"GTX가 개통되는 곳이 좋은 지역인가요?"

"일단 교통에 변화가 있다는 것은 호재가 맞아. 그렇지만 호재가 가격에 얼마나 반영되었는지 확인해야 해. 아무리 GTX가 연결된다고 하더라도 직장에서 먼 화성 진안의 집 가격이 직장에서 가까운 성남보다 더 높다면 곤란하겠지."

"교통 호재가 있다고 해서 다 좋은 건 아니군요."

"당연하지. GTX 호재로 인해 이미 오를 대로 오른 지역 중에서는 오히려 하락이 시작된 지역도 있거든."

"호재의 가치를 잘 판단해야겠어요. 요거 경매랑 비슷하네요."

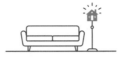

일자리와
집값의 관계

강남은 교통만 좋은 게 아닙니다

부동산에서 입지를 볼 때 일자리를 봐야 하는 이유는 간단합니다. 소득이 높고 일자리가 많은 지역일수록 그만큼 많은 사람들이 해당 지역 근처에서 살고 싶어 하기 때문입니다.

일자리는 기업과 정부를 중심으로 몇십여 년에 걸쳐 형성된 것이기 때문에 쉽사리 바뀌지 않습니다. 일자리가 한번 자리 잡으면 그 영역이 비대해지고 역할도 강화되기 때문에 견고한 일자리는 부동산 입지 측면에서 아주 중요합니다. 고소득 일자리가 많을수록 소비도 많아져 상권도 활발해지고, 교육환경도 더불어 좋아지는 것은 당연하겠죠. 수요가 많을수록 값은 올라가게 마런이니 일자리가 많은 곳의 부동산도 값이 올라가겠지요. 만약 이런 지역에서 내 집이 없어 전월세로 거주해야 한다면, 지출해야 하는 거주비용은 더 높아질 것입니다.

어디에 얼마나 일자리가 있는지 확인하기에 편리한 데이터를 소개합니다. 국세청이 제공하는 통계서비스인 국세통계포털에서는 국세청의 원천징수한 사업장주소지와 근로자가 거주하는 주소지로 시군구별 근로소득 연말정산 신고현황을 확인할 수 있습니다.

TASIS 국세통계포털(tasis.nts.go.kr)

국세통계조회 → 원천세 → 4-2 근로소득 연말정산 신고 현황

근로소득자 검색 방법

제목	주내용	의미
시군구별 근로소득 연말정산 신고현황 I (원천징수지)	근로자수/ 급여총계/ 결정세액	다수 혹은 양질의 일자리가 있는 지역을 찾을 수 있음 (반대도 가능)
시군구별 근로소득 연말정산 신고현황 II (주소지)	근로자수/ 급여총계/ 결정세액	소득이 많은 사람들이 거주하는 지역을 찾을 수 있음 (반대도 가능)

구분 Classification	Gross Wage and Salary		Taxable Wage and salary		Tax Base		Determined Tax Amount	
	인원	금액	인원	금액	인원	금액	인원	금액
	Taxpayers	Amount	Taxpayers	Amount	Taxpayers	Amount	Taxpayers	Amount
	(1)		(2)		(3)		(4)	
전국	19,495,359	750,265,078	19,410,638	746,316,834	17,317,094	409,420,579	12,240,163	44,164,060
서울 Seoul	3,871,889	170,371,416	3,862,509	169,576,796	3,441,592	101,261,190	2,434,090	14,415,848
강남구 Gangnam-gu	210,941	15,754,700	210,648	15,694,857	192,078	11,258,245	150,113	2,434,790
강동구 Gangdong-gu	189,102	7,865,918	188,760	7,827,655	168,456	4,455,424	120,422	513,117
강북구 Gangbuk-gu	105,321	3,109,922	105,092	3,094,916	90,701	1,506,326	58,250	112,993
강서구 Gangseo-gu	247,909	9,287,969	247,380	9,228,655	220,894	4,978,256	152,070	493,329
관악구 Gwanak-gu	217,065	6,961,669	216,393	6,929,881	190,378	3,550,022	122,239	291,753
광진구 Gwangjin-gu	146,304	5,629,534	145,864	5,604,978	129,418	3,156,353	87,976	375,236
구로구 Guro-gu	171,669	6,079,037	171,270	6,053,085	152,292	3,201,266	104,667	294,000
금천구 Guemcheon-gu	228,915	7,845,839	228,878	7,807,451	199,657	4,047,765	130,234	372,071
노원구 Nowon-gu	191,648	7,363,982	191,132	7,325,413	169,643	3,942,722	119,605	386,671
도봉구 Dobong-gu	117,929	3,824,449	117,727	3,806,073	101,511	1,935,865	67,978	165,468
동대문구 Dongdaemun-gu	126,064	4,500,363	125,527	4,478,814	110,028	2,404,804	75,424	232,148
동작구 Dongjak-gu	164,005	6,853,020	163,106	6,818,437	145,638	3,938,917	102,949	472,413
마포구 Mapo-gu	157,918	7,581,482	157,471	7,545,532	140,962	4,638,558	102,490	661,678
서대문구 Seodaemun-gu	121,720	5,132,923	121,352	5,104,712	107,298	2,970,313	76,014	372,336
서초구 Seocho-gu	167,853	12,489,338	167,560	12,440,121	153,383	8,862,085	120,731	1,858,759
성동구 Seongdong-gu	117,169	5,643,902	116,962	5,618,585	104,946	3,483,277	76,688	522,319
성북구 Seongbuk-gu	157,525	6,381,557	157,110	6,346,927	138,505	3,601,648	96,347	453,777
송파구 Songpa-gu	280,206	14,594,561	279,766	14,528,899	253,830	9,189,800	188,842	1,432,570
양천구 Yangcheon-gu	176,637	8,272,740	176,232	8,230,881	157,687	4,953,070	114,737	688,043
영등포구 Yeongdeungpo-gu	175,969	7,824,542	175,657	7,790,072	158,085	4,621,887	115,901	591,459
용산구 Yongsan-gu	94,304	6,122,572	94,157	6,101,895	84,727	4,311,909	63,141	932,442
은평구 Eunpyeong-gu	185,620	6,510,425	185,161	6,476,590	163,345	3,404,448	110,611	322,060
종로구 Jongno-gu	53,596	2,628,977	53,459	2,615,221	47,126	1,671,660	33,656	284,815
중구 Jung-gu	48,476	2,293,687	48,379	2,284,479	42,839	1,455,017	30,573	247,665
중랑구 Jungnang-gu	146,187	4,560,624	145,865	4,540,147	128,924	2,236,234	84,720	166,046

통계에 의하면 강남구에만 약 92만명의 근로자가 일하고 있으며, 급여는 총 39조원으로 서울에서 가장 높습니다. 서초구, 송파구까지 포함한 강남 3구의 급여총액은 75조 7,000억원으로 서울 전체 급여의 30%에 달합니다. 여의도가 있는 영등포구에는 약 56만명의 근로자가 일하고 있으며 29조원의 급여가 지급되었습니다. 중구에서는 25조원, 종로구에서는 20조원이 급여로 지급되었습니다.

좋은 일자리가 좋은 주거지를 만든다

좋은 일자리는 강남, 여의도, 광화문에 밀집한 것을 확인할 수 있습니다. 최근 상암 업무지구나 마곡 업무지구 등이 자리를 잡아가고 있지만, 서울의 업무지구 중에서는 여전히 강남, 강북 도심, 여의도가 중심축을 이루고 있으며 급여 차이도 적지 않습니다. 광화문 등 강북 도심과 여의도에 비해 강남에는 업종이 다양하고, 수도권 남쪽에서 강남으로 출퇴근하는 사람들이 많습니다. 교통입지를 분석할 때 강남 접근성을 가장 우선시하는 이유입니다.

경기도 이천은 SK하이닉스 직원들이 지역경제를 움직이는 지역이고, 수원에는 삼성 직원들이 많이 거주합니다. 판교에는 IT 기업이 밀집해 있습니다. 지방에 대기업이 이전하면 관련 협력업체까지 함께 이전하여 부동산 수요가 늘어나게 됩니다.

강남, 강북 도심, 여의도, 경기도에서는 판교 등 급여가 높은 지역은 집값도 높습니다. 높은 급여를 받고 일하는 사람들은 비싼 집값을 감당하더라도 직장에서 가까이 살고자 합니다.

따라서 집값이 이미 비싼데도 불구하고 핫한 지역의 집값은 더 오를 것입니다. 기업은 이익을 내기 위해 고급 인력이 필요하고, 고급 인력은 비싼 비용을 치르더라도 좋은 집에서 살고자 할 것입니다. 오르는 지역은 더 오르는 이유 중 하나입니다. 이제 일자리가 부동산에서 중요한 걸 알았다면, 다음 이야기로 넘어가보겠습니다.

통계 자료는
어디서 어떻게 찾나요?

지역별 소득과 중심 업종 찾아보기

'일자리'를 예시로 통계 자료 찾는 방법을 알아보겠습니다.

급여소득이 높은 사람들은 어디에서 일하고, 어디에서 사는지 자료를 통해서 알 수 있습니다. 이들이 어떤 업종에서 일하는지 확인해 볼까요?

[2019년 자료] [서울시 사업체현황 (산업대분류별/동별) 통계]를 이용하여 지역별 사업체 수와 업종별 종사자 수를 확인할 수 있습니다.

1. 제조업

① 구로구/금천구: 서울의 제조업은 구로구와 금천구에 모여 있습니다. 구로디지털(구로구), 가산디지털(금천구)이 있습니다. 제조업 시설과 종사자는 많지만, 일자리의 질은 높지 않습니다.

② 중구/성동구: 제조업 비중이 가장 높은 지역입니다. 중구는 남대문 시장을 중심으로 의류 제조업과 소규모 제조공장이 많고, 성동구는 전국 구두의 70%가 성동구 성수동 일대에서 만들어질 만큼 소규모 제조공장, 공방 등이 많습니다.

기간	자치구	동	합계					농업 임업 및 어업		광업		제조업	
			사업체수		종사자수			사업체수	종사자수	사업체수	종사자수	사업체수	종사자수
			사업체수	여성대표자	계	남	여						
	합계		823,624	281,318	5,226,997	2,885,614	2,341,383	24	426	20	43	57,321	265,273
		소계	39,679	13,358	260,446	146,392	114,054	3	18	5	10	4,462	13,180
		사직동	3,574	1,203	47,522	25,154	22,368	1	12	1	2	104	359
		삼청동	732	327	4,601	2,271	2,330	–	–	–	–	18	40
		부암동	599	255	3,454	1,764	1,690	–	–	1	1	31	158
		평창동	761	328	3,447	1,518	1,929	–	–	1	4	23	142
		무악동	761	103	1,644	872	872	–	–	–	–	4	6
		교남동	413	178	4,581	1,481	3,100	–	–	–	–	8	20
		가회동	765	351	12,817	9,546	3,271	–	–	–	–	34	281
	종로구	종로1.2.3.4가동	15,472	4,920	108,747	65,713	43,034	–	–	2	3	1,872	5,329
		종로5.6가동	7,238	2,396	24,537	14,825	9,712	1	1	–	–	992	2,780
		이화동	1,191	407	17,244	7,708	9,536	1	5	–	–	88	468
		창신1동	2,179	707	5,907	2,978	2,929	–	–	–	–	313	748
		창신2동	864	300	2,216	1,051	1,165	–	–	–	–	397	1,119
		창신3동	281	86	895	442	453	–	–	–	–	48	128
		숭인1동	493	162	1,545	687	858	–	–	–	–	166	537
		숭인2동	1,747	540	6,886	3,090	3,796	–	–	–	–	288	920
		청운효자동	1,028	465	5,656	2,950	2,706	–	–	–	–	42	76
		혜화동	1,695	629	8,747	4,342	4,405	–	–	–	–	34	69
		소계	60,127	22,451	392,568	213,484	179,804	–	–	1	5	9,018	28,901
		소공동	3,849	1,163	64,144	36,680	27,464	–	–	–	–	76	233
		회현동	8,566	4,391	45,216	23,422	21,794	–	–	1	5	206	740
		명동	6,695	1,991	110,390	59,638	50,752	–	–	–	–	257	993
		필동	2,886	782	22,404	12,611	9,793	–	–	–	–	984	4,115
		장충동	819	238	9,181	5,254	3,927	–	–	–	–	101	493

2. 도소매 및 숙박/음식점

① 강남: 강남구와 서초구에는 도소매 및 숙박/음식점이 가장 많습니다. 백화점, 호텔, 작은 가게까지 단연 서울 최고의 상권입니다.

② 중구/종로구: 관광명소인 광화문과 경복궁, 명동이 자리 잡고 있어 관련 일자리가 발달했습니다. 코로나로 인해 직격탄을 맞은 지역입니다.

3. 금융 및 보험업

① 중구/종로구: 광화문이 있는 종로구도 일자리가 풍부한 지역입니다. 대기업, 대형 은행, 언론사 등의 은행권 업무지구로 은행들의 본사가 있습니다. 종로구와 중구에는 광화문의 교보생명을 중심으로 현대해상, 흥국생명/화재 등 보험권이 많습니다.

② 영등포구: 여의도가 있는 영등포구는 금융권의 중심지로 언론, 방송, 국회, 정치 관련 종사자들이 선호하는 지역입니다. 금융권에서도 연봉이 높은 증권업계가 주를 이룹니다.

4. 출판, 영상, 방송통신 및 정보 서비스

① 마포구: MBC, YTN, JTBC 등 방송국과 이에 따른 매체가 특화된 상암 DMC가 있습니다.

② 구로구/금천구: 구로디지털단지, 가산디지털단지에는 제조업종도 많지만 인쇄와 출판업 그리고 정보기술 및 컴퓨터 운영에 관한 업종도 많습니다.

③ 강남구: 사회조사 보고서의 중분류 · 세분류에 따르면, 출판업과 컴퓨터 프로그래밍에 종사하는 수가 많은 것으로 나타났습니다.

5. 운수업

① 강서구: 강서구에는 김포공항이 있습니다. 대한항공 1.8만 명, 아시아나항공 0.9만 명, 진에어, 한국공항 등 항공 관련 업체가 있습니다. 김포와 인천 사이에서 물류 거점 역할

을 하는 곳이라 택배회사가 많습니다.

6. 교육 서비스업

강남, 목동, 중계 학군 외에도 우리나라 교육기관의 분포를 확인할 수 있습니다.

① 성북구: 고려대, 국민대, 성신여대 등 대학교가 많아 학군과는 상관없이 교육 서비스업 종사자가 많습니다.

② 노원구: 중계동 학군과 서울과학기술대, 서울여대, 광운대 등의 대학교가 있습니다.

③ 서대문구/마포구: 서대문구에는 연세대, 이화여대, 명지대가 있고 마포구에는 홍익대, 서강대가 있어서 교육 서비스업 종사자 분포가 높게 나타납니다.

7. 보건업 및 사회복지서비스업

① 강남구: 성형외과와 피부과, 치과 등 글로벌하게 영업하는 병원도 있습니다. 압도적인 종사자 수가 이해됩니다.

② 서대문구: 신촌세브란스 병원, 즉 대형 종합병원의 영향으로 사업체 수에 비해 종사자 수가 많습니다.

③ 노원구: 을지대학교 병원과 상계 백병원, 원자력 병원 등 중상급의 종합병원과 작은 병·의원도 많은 편입니다.

부동산 투자를 할 때는 교통, 일자리, 학군, 실거래가 등 다양한 지표들을 참고하는데, 중요한 것은 그 지표들을 해석하고 투자에 적용하는 것입니다. 단순히 자료가 많다고 해서 모두 도움이 되는 것은 아니니 하나의 지표를 가지고 다양하게 해석하는 연습을 해보기 바랍니다.

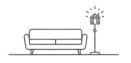

학군은
하루아침에
생기지 않는다

초품아, 중품아 프리미엄

'초품아'라는 단어가 익숙하신가요? 같은 조건이라면 초등학교가 단지 안에 있는 초품아 아파트의 가치가 높습니다. 학원밀집지역도 같은 맥락으로 인기가 있습니다. 좋은 학교가 있는 지역에는 좋은 학원도 있게 마련이니까요. 학원가로 유명한 대치동에는 방학기간 타 지역에서 유학(?) 온 아이들을 위한 단기숙소도 성황을 이룹니다. 인근에 거주하지 못하는 아이들은 비싼 비용을 들여 학원가에 가서 공부해야 하지요. 강북의 중계동, 안양의 평촌동, 대구의 수성구 인근 아파트가 꾸준히 가격이 오르는 이유입니다. 최근에는 마포의 대흥동도 떠오르는 학원가로 주목받고 있습니다.

서초구 학원가 지도

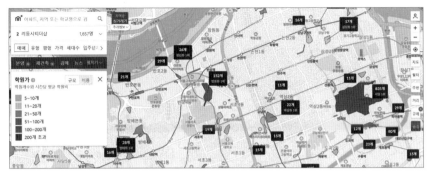

출처: 호갱노노

대구 학원가 지도

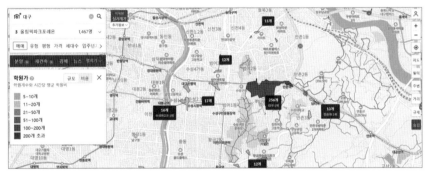

출처: 호갱노노

안양 학원가 지도

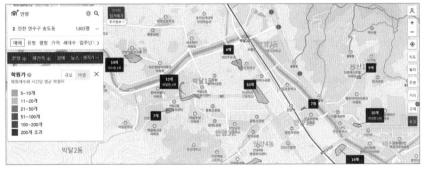

출처: 호갱노노

"초품아는 이해가 돼요. 아이들이 찻길을 건너다니면 위험하니까요. 하지만 학군에 따라 집이 비싼 건 이해가 안 돼요."

"사실 엄마도 이해가 안 되긴 마찬가지야. 그런데 학군에 따라 부동산 가격에 차이가 나는 건 사실이야. 좋은 학군에는 좋은 학원이 많지."

"그렇다고 학원 가까운 곳에서 살 필요까지 있을까요?"

"좋은 대학에 가기 위해서는 좋은 학원에 다녀야 하니까. 엄마가 아는 사람도 강북에 있는 자기 집을 전세 주고, 대치동에서 월세로 살고 있어. 그만큼 자녀교육에 헌신적인 부모가 많은 거지."

"그럼 결국 대치동은 학원 때문에 비싼 거예요?"

"맞아, 대한민국 최고의 학원은 물론이고 공부 열심히 하는 아이들이 다 모여있는 곳이 바로 대치동이야. 비싼 집값에도 불구하고, 매매는 물론 전세도 구하기 힘든 지역이지. 자녀교육을 위해서라면 뭐든지 하는 대한민국 부모들 덕에 대치동 부동산 가격은 늘 최고 가격이야."

"음, 엄마가 자녀교육에 열심히 아니라서 다행이에요. 헤헤."

생활서비스와 자연환경

의료시설, 레저시설 등 생활서비스도 부동산 입지에서 주요한 부분입니다. 특히 인근에 대형병원이 있는 곳에는 진료뿐 아니라 다양한 연구시설이 함께 있어서 의료진, 연구진이 거주하므로 안정적인 시장이 형성됩니다. 따라서 대형병원 건립은 호재로 작용하며 수영장, 대형체육관 등 레저시설도 입지에 영향을 줍니다. 최근 고급 아파트단지에서는 단지 내 수영장, 골프장 등 스포츠시설을 개별적으로 설치하기도 합니다.

전통시장, 대형마트, 쇼핑몰 등 편의시설이 있는 지역도 사람들이 선호하는 지역입니다. 대형쇼핑몰이 들어서면 쇼핑, 육아는 물론 반려동물 관련 시설까지 입점하므로 생활이 한층 편리해집니다. 또한, 아파트 단지 내의 녹지뿐 아니라 산책로, 조망 등도 부동산 입지에 영향을 미칩니다.

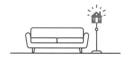

그래서
어떤 부동산을 살까?
❶ 아파트 & 빌라

집의 종류와 선택 기준

"아들은 어떤 집에서 살고 싶어?"

"저는 초록 잔디가 잘 관리된 마당이 있는 주택에서 살고 싶어요. 축구하고 싶어서요. 내 집 마당에서 축구하는 모습을 상상하는 것만으로도 기분이 좋아져요. 날씨가 좋은 날에는 바비큐도 구워 먹고. 아, 수영장도 있으면 좋겠다!"

"사실 수영장 있는 집은 엄마의 로망이기도 해. 강이나 바다가 보이는 전망 좋은 위치에 있으면 더 좋겠어."

"진짜 그런 집을 지으면 안 돼요?"

"안 될 것도 없지. 마당이 넓은 주택을 지으려면 보전관리지역이 딱이야.

도시지역이나 계획관리지역의 토지보다 가격도 저렴하고. 어차피 마당을 크게 만들어야 하니까."

"전 어려서부터 빌라나 아파트에서만 살아서 주택은 현실감이 없어요."

"대한민국은 아파트 공화국이잖아. 이제 여러 가지 집의 종류에 대해 얘기해보자."

살고 싶은 집과 실제로 살고 있는 집은 많이 다릅니다. 얼마 전 사람들이 은퇴 이후 거주하고 싶은 장소 1위로 경기권의 단독·전원주택을 가장 선호한다는 설문조사 결과가 나왔습니다[2021년 11월 부동산플랫폼 직방조사, 2위 지방(31.5%), 3위 서울(17.0%), 지방 5대 광역시(12.3%)]. 다들 서울에 살고 싶어 하는 줄 알았는데 마음속으로는 자연을 그리워했나 봅니다.

여러분이 살고 있는 집은 아래 4가지 중 하나일 것입니다. 우리가 살고 있는 집의 종류를 함께 알아볼까요?

❶ **아파트**: 주거 세대가 20가구 이상, 주거 층수가 5층 이상인 주거용 건물을 말합니다.

❷ **빌라**: 흔히 빌라라고 부르는 것은 크게 세 가지입니다. 주택으로 쓰는 층수가 4개층 이하인 건물 중 연면적 660m² 이상은 연립주택이고, 660m² 이하는 다세대주택입니다(5층 건물이어도 1층을 집이 아닌 점포 등으로 쓰면 연립주택 혹은 다세대주택). 도시형생활주택은 빌라라고도 하고 방이 하나인 경우는 원룸이라고도 합니다.

❸ 오피스텔: 오피스와 호텔을 합친 형태의 건축물을 말합니다. 일하면서 거주도 할 수 있는 집입니다.

❹ 단독주택: 건물에 주인이 한 명입니다. 단독주택 중 연면적이 330m² 이상이면 다가구주택입니다. 예를 들어 3층짜리 건물에 6가구가 있는데 집주인이 각각이면 빌라이고, 집주인이 한 명이면 단독주택입니다.

아파트, 빌라(다세대주택, 연립주택, 도시형생활주택), 오피스텔을 공동주택이라고 합니다. 공동주택은 건물 하나에 집주인이 여러 명입니다. 1개 동에 101호, 102호, 103호… 이렇게 여러 세대가 한 건물에 사는 집이지요. 대부분의 도시인은 공동주택에 살고 있습니다.

주거용 건물 중에서 가장 쉽게 접하는 물건은 아파트와 빌라입니다. 아파트와 빌라 건물 한 채에는 여러 세대가 독립된 형태로 살고 있습니다. 같은 토지 위에 여러 세대가 겹겹이 살고 있는 것이지요. 각 세대는 자신만의 토지를 가지지 못하고 토지의 지분을 갖게 됩니다. 층수가 낮은 건물일수록 세대수가 적어서 토지 지분이 많고, 층수가 높은 건물일수록 세대수가 많으니 토지 지분이 적습니다. 재개발을 염두에 둔 낡은 빌라라면 토지 지분이 얼마나 되는지가 매우 중요합니다. 일반 아파트의 경우에는 토지 지분보다 입지와 매매가, 전월세 가격 등을 중요하게 확인합니다.

토지 지분이 많은 재개발용 빌라와 토지 지분이 적은 고층 아파트

아파트

대한민국 사람들에게 아파트는 아주 익숙합니다. 독자님 대부분은 현재 아파트에서 살고 있거나 과거에 살아 본 경험이 있을 거예요. 아니라면 앞으로 아파트에서 살기를 원하겠지요.

입지가 좋은 지역의 신축 아파트가 항상 인기가 높습니다. 신축 아파트는 누구나 원하기에 가격이 높은데, 건설사가 마냥 높은 가격에 분양하지 못하도록 정부에서는 분양가 상한제라는 제도를 만들었습니다. 분양가의 최고가를 제한하는 제도이지요. 덕분에 시세보다 저렴하게 분양을 받을 수 있어서 분양만 받으면 마치 로또에 당첨된 것과 같다고 합니다. 당연히 아파트를 분

양 받으려는 사람들이 줄을 길게 늘어서고 청약경쟁률은 상상을 초월합니다

누구나 새 아파트를 원하니 정부에서는 또 다른 제한을 둡니다. 일정한 기준으로 분양하게 하는 것이지요. 분양가점이란 말을 들어보셨나요? 무주택으로 지낸 기간, 부양가족 수 등으로 점수를 매겨 가점이 높은 사람부터 아파트를 분양받게 하는 제도입니다. 특별분양으로 한부모가정, 다자녀가정, 장애인가정 등에 특혜를 주기도 합니다. 새 아파트를 분양받으려는 많은 사람들이 감나무 밑에서 감 떨어지기를 기다리듯 행운을 기다리곤 합니다.

아파트 청약 특별공급

□ APT 청약안내 : 특별공급

ⓘ 특별공급은 다자녀가구, 신혼부부, 국가유공자,노부모 부양자 등 정책적 배려가 필요한 사회계층이 분양(임대)받을 수 있도록 주택마련을 지원해주는 제도입니다.

특별공급 소득기준	특별공급이란	기관추천	신혼부부
다자녀가구	노부모부양	생애최초 주택구입	이전기관종사자 등
외국인			

민영주택	국민주택	공공주택

- (공공분양주택) 2021년도 도시근로자 가구원수별 월평균소득 기준

(단위 : 원)

공급유형		기준	3인 이하	4인	5인
노부모부양, 다자녀가구		120% 이하	~ 7,450,721	~ 8,640,971	~ 8,791,286
생애최초	우선공급(기준소득, 70%)	100% 이하	~ 6,208,934	~ 7,200,809	~ 7,326,072
	일반공급(상위소득, 30%)	100% 초과 ~ 130% 이하	6,208,935 ~ 8,071,614	7,200,810 ~ 9,361,052	7,326,073 ~ 9,523,894
신혼부부 우선공급 (기준소득, 70%)	배우자가 소득이 없는 경우	100% 이하	~ 6,208,934	~ 7,200,809	~ 7,326,072
	신혼부부 모두 소득이 있는 경우	100% 초과 ~ 120% 이하	6,208,935 ~ 7,450,721	7,200,810 ~ 8,640,971	7,326,073 ~ 8,791,286
신혼부부 일반공급 (상위소득, 30%)	배우자가 소득이 없는 경우	100% 초과 ~ 130% 이하	6,208,935 ~ 8,071,614	7,200,810 ~ 9,361,052	7,326,073 ~ 9,523,894
	신혼부부 모두 소득이 있는 경우	120% 초과 ~ 140% 이하	7,450,722 ~ 8,692,508	8,640,972 ~ 10,081,133	8,791,287 ~ 10,256,501

※ 소득기준 및 자산기준과 관련된 질문은 입주자모집공고 참조하거나, 사업주체에게 문의하여 주시기 바랍니다.
※ 6인 이상 가구의 1인당 평균가산금액 및 소득기준과 관련한 사항은 청약전 반드시 입주자모집공고문을 확인하시기 바라며, 자세한 사항은 사업주체에 문의하시기 바랍니다.

청약기준은 정권과 정책에 따라 바뀌므로 청약 전 최신 정보를 꼭 확인해야 합니다.

청약가점 산정 기준표

가정항목	가점구분	점수	가점구분	점수	적용기준
① 무주택 기간 (32점)	30세 미만 미혼 무주택자	0	8년 이상~9년 미만	18	[무주택여부 판단기준] • 입주자모집공고일 현재 청약통장 가입자의 주민등록등본에 등재된 가입자 및 세대원 전원이 무주택자이어야 합니다. * 세대원 범위:배우자(주민등록이 분리된 배우자 및 그 배우자와 동일한 세대를 이루고 있는 세대원 포함), 직계존속(배우자의 직계존속 포함), 직계비속 * 소형/저가주택(전용면적 60m² 이하로 주택공시가격 1.3억원(비수도권은 8,000만원)이하인 주택)1호(세대)를 보유한 자 → 당해 주택보유기간을 무주택 기간으로 인정 [무주택기간 산정기준] • 무주택기간은 청약통장 가입자 및 배우자를 대상으로 선정 * 무주택기간은 만 30세를 가산점으로 하되, 30세 이전에 혼인한 경우 혼인신고 한 날부터 기산 • 만 30세 미만으로서 미혼인 무주택자의 가점점수는 "0"점임
	1년 미만 (무주택자에 한함)	2	9년 이상~10년 미만	20	
	1년 이상~2년 미만	4	10년 이상~11년 미만	22	
	2년 이상~3년 미만	6	11년 이상~12년 미만	24	
	3년 이상~4년 미만	8	12년 이상~13년 미만	26	
	4년 이상~5년 미만	10	13년 이상~14년 미만	28	
	5년 이상~6년 미만	12	14년 이상~15년 미만	30	
	6년 이상~7년 미만	14	15년 이상	32	
	7년 이상~8년 미만	16	–		
② 부양 가족수 (35점)	0명 (가입자 본인)	5	4명	25	[부양가족의 범위] • 입주자모집공고일 현재 청약통장 가입자의 주민등록등본에 등재된 세대원 * 세대원 범위:배우자(주민등록이 분리된 배우자 및 그 배우자와 동일한 세대를 이루고 있는 세대원 포함), 직계존속(배우자의 직계존속 포함), 직계비속(미혼인 자녀에 한함)
	1명	10	5명	30	

② 부양 가족수 (35점)	2명	15	6명 이상	35	[부양가족의 인정기준] • 직계존속을 부양하는 경우는 청약자가 세대주로서 3년 이상 계속해서 부양해야 인정 • 직계비속을 부양하는 경우 만 30세 이상의 미혼자녀는 입주자모집공고일 기준으로 최근 1년 이상 계속해서 동일한 주민등록등본상에 등재시에만 부양가족으로 인정 * 청약자의 손자, 손녀는 부양가족으로 인정하지 않으나, 손자, 손녀의 부모가 사망한 경우에는 부양가족으로 인정
	3명	20	–		
③ 청약통장 가입기간 (17점)	6월 미만	1	8년 이상~9년 미만	10	• 입주자모집공고일 현재 청약자의 청약통장 가입기간을 기준으로 하며, 청약통장 전환, 예치금액변경 및 명의변경을 한 경우에도 최초 가입일(순위기산 일)을 기준으로 가입기간을 산정합니다. * 실제 인터넷청약 시에는 은행에서 청약통장 가입기간 및 해당 점수를 자동 산정하여 부여합니다. * 가점제 계산 시 성년에 이르기 전 가입한 기간이 2년을 초과한 경우 2년으로 인정
	6월 이상~1년 미만	2	9년 이상~10년 미만	11	
	1년 이상~2년 미만	3	10년 이상~11년 미만	12	
	2년 이상~3년 미만	4	11년 이상~12년 미만	13	
	3년 이상~4년 미만	5	12년 이상~13년 미만	14	
	4년 이상~5년 미만	6	13년 이상~14년 미만	15	
	5년 이상~6년 미만	7	14년 이상~15년 미만	16	
	6년 이상~7년 미만	8	15년 이상	17	
	7년 이상~8년 미만	9	–		

출처: 주택도시기금

아파트 매수 시 필수 지식

아파트에서 가장 인기 있는 전용면적은 $59m^2$(25평형)입니다. 최근에는 전용면적이 각양각색인데, 1인 가구가 많아지면서 더 작게 나오는 집이 많아졌습니다.

인기 있는 층은 대체로 전체 층 중에서 중간보다 높은 층입니다. 하지만 어떤 아파트는 정원 딸린 1층이 로열층이고, 어떤 아파트는 복층으로 이루어진 탑층이 로열층입니다.

아파트 실거래가를 알려주는 플랫폼(예시)

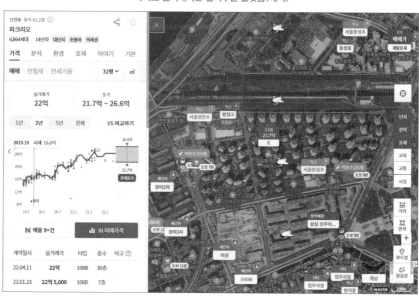

출처: 리치고

아파트는 다른 부동산보다 실거래가와 전월세가를 알기 쉽습니다. 똑같은 형태의 집 수백채, 수천채가 같은 공간에 있으니까요. 최근 실거래가를 보면 현재 실거래가를 예측할 수 있지요. 그러다 보니 실제 거래한 가격과 다르게 신고하는 다운계약서 등 불법거래를 하기도 어렵습니다.

아파트는 환금성이 좋습니다. 대한민국 아파트는 화폐를 대신한다고 할 정도입니다. 원하는 사람이 많으니 팔기도 좋습니다. 때문에 대단지 아파트는 부동산을 처음 시작하는 초보자가 접근하기에 좋은 물건입니다. 단, 돈이 충분하다면 말이죠.

　직접 거주한다면 당연히 본인에게 맞는 라이프스타일을 고려합니다. 지역, 평수, 층, 향, 뷰, 세대수, 단지구성뿐 아니라 지하철역, 고속화도로, 학군, 직장, 인근 신축예정 아파트 대단지, 병원·마트, 녹지 등의 세부사항을 비교합니다. 최근 이슈몰이 중인 GTX 호재는 아직 개통이 많이 남았다는 것을 염두에 두세요.

　직접 살지 않는 투자용이라면 선택의 폭이 더 넓습니다. 가장 쉬운 투자방법은 매수하면서 동시에 전세임차인을 구하는 것입니다.

　❶ 경매라면 낙찰 후 잔금을 치르고 수리하여 임대를 놓습니다.

　❷ 매매라면 잔금일과 임차인의 입주일을 같은 날로 맞추어 필요자금을 최소화합니다. 계약기간이 남은 전세 임차인이 있는 집은 집주인이 사는 집보다 저렴하게 매수할 수 있습니다. 다만, 임차인에게 보증금을 올려 받을 수 없어서 매수 당시 초기 투자금이 큽니다.

　❸ 실수요자라면 임차인의 계약기간이 끝난 후 입주하고, 투자자라면 수리후 전세 임대하여 투자금을 회수합니다.

　❹ 재건축 예정 아파트는 최소 10년 이상 장기로 투자해야 합니다. 소유주가 점유하는 자가점유율이 낮은 대표적인 투자용 아파트이므로 부동산 시장이 하락장으로 접어들면 먼저 떨어지는 부동산이기도 합니다.

빌라

빌라는 다세대주택, 연립주택, 도시형생활주택을 통칭하는 주거형태입니다.

- **다세대주택**: 1개동의 연면적이 660m²(약 200평) 이하이고, 4개층 이하가 주택으로 쓰이는 주택입니다.

- **연립주택**: 1개동의 연면적이 660m²(약 200평)를 초과하고, 4개층 이하가 주택으로 쓰이는 주택입니다. 다세대주택보다 조금 더 크지요. 연면적에만 차이가 있습니다.

- **도시형생활주택**: 1~2인 가구를 위해 정부가 2009년 5월 도입한 주택유형입니다. 다른 공동주택보다 완화된 기준으로 지어져 주차장 등의 시설이 부족하고 열악한 편입니다. 적은 투자금으로 투자하는 임대수익용이라 그동안 사람들이 선호하는 주택은 아니었습니다. 그런데 최근 원룸이나 빌라 면적을 넘어서는 전용면적 99m²(30평형)의 도시형생활주택이 등장하면서, 청약해야 하는 아파트보다 경쟁이 덜하고 빌라보다 쾌적한 도시형생활주택을 원하는 사람들이 많아지고 있습니다.

빌라는 아파트와 달리 종류별로 적용되는 법과 세금이 다르기 때문에 투자하기 전에 잘 알아두어야 합니다.

다세대주택과 연립주택의 차이점

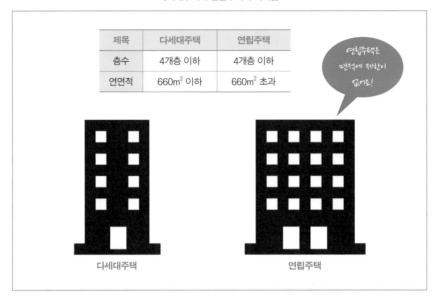

제목	다세대주택	연립주택
층수	4개층 이하	4개층 이하
연면적	660m² 이하	660m² 초과

연립주택은 면적에 제한이 없어요!

다세대주택

연립주택

도시형생활주택의 형태

다세대주택

단지형 다세대주택

원룸형 주택

소규모 주택을 저렴하고 신속하게 공급하여 서민의 주거 안전에 기여하고자 도입한 주택유형들이에요.

상가주택 경매물건

서울동부지방법원,	대법원바로가기	법원안내			가로보기	세로보기	세로보가(2)
2021 타경 ████			매각기일 : 2022-██-██ 10:00~ (월)			경매5계 02-2204-2409	

소재지	(05634) 서울특별시 송파구 방이동 ███ ████ ████ [도로명] 서울특별시 송파구 가락로36길 ███ ██

용도	상가(점포)	채권자	█████	감정가	255,000,000원
대장용도	사무소 근린생활시설	채무자	████	최저가	(51%) 130,560,000원
대지권	19.2572㎡ (5.83평)	소유자	████	보증금	(10%)13,056,000원
전용면적	33.355㎡ (10.09평)	매각대상	토지/건물일괄매각	청구금액	188,000,000원
사건접수	2021-06-09	배당종기일	2021-08-30	개시결정	2021-06-15

기일현황, ⊙ 입찰1일전

회차	매각기일	최저매각금액	결과
신건	2022-01-10	255,000,000원	유찰
2차	2022-02-21	204,000,000원	유찰
3차	2022-03-28	163,200,000원	유찰
4차	2022-05-02	130,560,000원	

모의입찰가   0 원 입력 ?

감정평가현황 ▶ (주)정명감정, 가격시점 : 2021-06-23   감정평가서

토지	건물	제시외건물(포함)	제시외건물(제외)	기타(기계기구)	합계
127,500,000원	127,500,000원	×	×	×	255,000,000원
비고	1.위반건축물(2017.3.15.건축과-7326):제2종근린생활시설(사무소) 용도를 주택으로 변경 사용 2.감정서(공부와의 차이): 위 위반내용과 같음 3.대장상 전유부분 면적변경(2018.07.10.표시변경): 건축물대장 면적 및 현황도면을 전유면적 31.32㎡, 공용면적 5.76㎡에서 전유면적 33.355㎡, 공용면적 6.13㎡로 변경확인 - 변경된 면적기준으로 감정평가				

간혹 빌라 1층을 아주 저렴하게 분양하는 집을 볼 수 있습니다. 모양새는 집이지만 건축용도로서는 상가인 건축물입니다. 상가(주택)는 합법적으로 인정받지 못하는 주택입니다. 상가(주택)는 주로 빌라의 1층, 혹은 2층에 위치합니다. 구조가 일반 집과 같지만, 태생이 상가이기에 주택으로 인정받지 못합니다(이런 집을 짓는 이유가 있습니다. 「건축법」상 다세대주택을 지을 때 4개층까지 주택으로 인정되므로 1층에는 점포를 만들고, 2층부터 5층까지 4개층은 주택으로 만드는 것이지요. 1개층을 높여서 분양하면 건축업자가 돈을 더 벌 수 있으므로 1층의 집은 점포로 허가를 받고, 후에 주택으로 불법용도 변경을 하는 경우가 많습니다. 일반적으로 빌라 건물이 필로티 구조인데 1층을 주차장으로 사용한다면 2층이 상가입니다.).

기왕이면 세금 내는 부동산 부자가 되어라   **123**

아파트는 세금 문제와 대출로 인해 제한이 많지만, 빌라는 이런 규제에서 자유로운 편입니다. 무주택자가 9억 원 이하 빌라를 매수하면 전세자금 대출도 별도로 받을 수 있습니다. 매매가와 전세가 차이가 적어서 투자금액도 적게 듭니다. 경매로 저렴하게 낙찰 받아 인테리어를 한 후 임대를 놓으면 낙찰가보다 더 높은 가격으로 전세가 나가기도 합니다.

변화하는 빌라시장

빌라는 아파트보다 매수자가 많지 않아 환금성이 떨어지는 것이 정석이었는데, 2021년 1월부터 14개월 연속으로 전국에서 거래된 빌라 건수가 아파트 거래 건수보다 더 많았습니다. 감당할 수 없을 만큼 오른 아파트 대신 빌라를 선택한 실수요자들과 세금중과가 없는 공시지가 1억 원 미만의 빌라에 투자한 투자자들이 몰렸기 때문입니다.

특히 민간 주도 개발 사업이 신속하게 추진될 수 있도록 서울시가 지원하는 신속통합기획 민간재개발 사업의 후보지 선정이 마무리되고, 서울에서 공공재개발 사업 후보지 2차 공모를 시작하면서 재개발 사업이 본격적으로 궤도에 올랐습니다. 신속통합기획은 오세훈 서울시장이 취임한 뒤 서울시가 재개발·재건축 속도를 높이기 위해 도입한 제도입니다. 재개발의 경우 구역 지정까지 통상 5년 이상 걸리던 것을 2년 이내로 단축하고, 사업 시행 단계에서 교통·환경 등을 통합 심의해 절차를 간소화한 것이 특징입니다.

"잠깐만요, 엄마. 신속통합기획이 재개발보다 빨라서 좋다고요? 그런데 재개발이 뭔지 잘 모르겠어요. 뉴스에서 많이 보긴 했는데, 집을 부수고 새로 짓는 거죠?"

"그렇지. 헌 집 주고 새집 받는 개념은 맞아."

"재건축도 있던데, 재개발이랑 뭐가 다른 거예요?"

"재개발과 재건축은 낡은 집을 개발해서 새집으로 만든다는 것은 같아. 그런데 다른 점도 많지. 재개발은 낡은 빌라나 다가구, 원룸이 있는 지역의 도로, 상하수도, 공원, 학교, 공용주차장까지 기반공사부터 새로 하는 거야. 재건축은 주로 오래된 아파트를 철거하고, 그 땅 위에 새로 아파트를 짓는 거지."

"재건축은 빌라, 재개발은 아파트를 개발하는 거라고 보면 되겠네요."

"보통은 그렇지만 반드시 그렇지만은 않아. 열악하고 노후한 기반시설까지 싹 다 개발하는 것이 재개발이라고 이해하는 게 좋겠다. 재개발이 범위가 넓은 편이야. 공공의 이익을 위하는 성격도 있지."

"기반시설도 좋아지고, 새집에 들어갈 수 있으니 재개발이나 재건축이 된다고 하면 무조건 좋은 거겠어요."

"누구에게나 그런 것은 아니야. 아파트 주민이 모두 한마음이면 좋을 텐데, 사람은 각자 생각하는 게 다르거든. 이모네 집이 재건축 추진 중이라는 것 알고 있지? 지금 시공사를 선정하는 과정까지 왔는데, 여기까지 오는 데 우여곡절이 많았어. 조합설립부터 설계도면 선정까지 각각의 이해관계가 복잡하게 얽혀 있기 때문이지. 조합을 설립하고 집행부가 일하는 데 반대하는 사람들은 비상대책위원회를 세우기도 하지. 보통 10년을 훌쩍 넘기는 경우가 많고, 때로는 몇십년이 걸리기도 해."

"새 아파트가 되기까지 기간은 오래 걸리지만, 그래도 좋은 지역에서 새 아파트를 가질 수 있으니까 전 좋은 것 같아요."

참고로 민간재개발 후보지의 빌라에 투자할 때는 주의할 사항이 있습니다. 권리산정기준일 이후에 신축된 빌라를 분양받거나 지분을 쪼갠 구축 빌라를 사면 현금청산 대상이기 때문입니다. 권리산정기준일은 분양권을 받을 수 있는 권리를 부여하는 시점입니다. 기준일 이후에 토지 분할이나 단독주택을 다세대 주택으로 바꿔 신축하는 지분 쪼개기로 소유주를 늘리는 것을 방지하기 위해서 정부가 만든 제도이니 잘 알아두세요.

그래서
어떤 부동산을 살까?
❷ 단독주택 & 오피스텔

단독주택

단독주택은 한 집에 한 가구가 사는 집입니다. 아파트, 빌라 등의 공동주택은 여러 가구가 땅 위에 겹겹이 겹쳐서(?) 살아가지만, 단독주택은 한 가구가 온전히 토지와 건물을 소유합니다. 등기부등본도 토지등기와 건물등기로 나뉩니다. 단독주택은 어느 곳에 위치하느냐에 따라 가격 차이가 많이 나며, 단독주택에서 중요한 부분은 토지가격입니다. 도시의 단독주택은 가격이 높습니다. 드라마에 나오는 성북동 사모님이 사는 단독주택은 더 말할 것도 없지요. 반면 시골의 농가주택은 매우 저렴합니다. 지방에는 아무도 살지 않는 폐가도 많습니다.

다가구주택

다가구주택은 언뜻 보기에 빌라같이 생겼습니다. 독립된 여러 세대가 살지만 집주인은 한 명인 단독주택입니다. 다가구주택은 각 세대별로 화장실과 주방이 있어 독립적인 생활이 가능합니다[주택으로 쓰이는 층수가 3개층 이하이고, 주택의 연면적이 660m²(199평) 이하이며, 19세대가 거주하는 주택을 말합니다]. 다가구주택은 거주하는 사람은 많아도 등기상 한 채이고 소유주가 한 명이기 때문에 다주택자에게 부과되는 중과세를 피할 수 있습니다. 그야말로 똑똑한 한 채이지요. 월세를 받는 수익형 부동산으로 인기 있는 부동산입니다.

서울의 공공정비사업, 신속통합기획 정책, 모아주택(저층 다가구, 다세대 주택을 모아 최고 15층 이하의 중층 아파트를 짓는 사업) 등이 활발히 이루어지면 한강변, 역세권, 구도심 밀집지의 다가구, 단독주택 수요가 높아질 것으로 예상됩니다. 노후한 다가구주택을 리모델링하여 원룸건물로 탈바꿈시킨 뒤 각 층별로 전세와 월세로 임차인을 들이면 쏠쏠한 수익형 부동산이 될 수도 있습니다. 단, 다가구주택은 임차인이 많아 은행에서 대출을 잘 해주지 않기 때문에 초기 자본이 많이 필요합니다.

오피스텔

오피스텔은 준주택입니다. 오피스 + 호텔의 개념으로 낮에는 업무를 보고,

밤에는 잠을 잘 수 있는 공간입니다. 취사가 가능하고 화장실이 있는 오피스텔은 주택으로 인정합니다.

주택이 될 수도 있고, 업무시설이 될 수도 있다는 것은 세금과 큰 관련이 있습니다. 오피스텔을 취득할 때는 취득세율이 4.6%(상업용 기준) 적용됩니다. 소유자가 오피스텔을 주거용으로 사용할지 업무용으로 사용할지 미리 판단할 방법이 없으니까요. 이후 보유할 때는 사용용도에 따라 세금체계가 달라집니다.

오피스텔이 업무용으로 사용된다면 업무시설에 대한 세율이 적용됩니다. 만약 임차인이 전입신고를 하고 주택용으로 사용한다면 주택과 같은 세금이 적용되지요. 과거에 비해 최근에는 재산세, 종합부동산세 등 주택에 대한 보유세가 만만치 않습니다. 주택으로 사용하면 보유세를 내야 하기 때문에 임차인의 전입신고를 허락하지 않는 집주인들도 있습니다. 전입하지 않으면 업무용으로 간주되어 종부세를 내지 않아도 되니까요(종부세는 주택에만 부과됩니다).

오피스텔은 집이 아니기 때문에 구입 시 주택담보대출 상품을 이용할 수 없습니다. 오피스텔 담보대출 상품이나 비주택 부동산 담보대출 상품 등을 이용하게 됩니다. 하지만 주택담보대출 시 지역별, 금액대별로 LTV 규제가 많은 상황에서 주택이 아닌 것이 오히려 오피스텔의 장점이 되고 있습니다. 특히 투기과열지역에 위치한 주택은 시세의 40%까지만 대출이 나오는 데 비해, 오피스텔은 이러한 규제가 적용되지 않아서 일반적으로 70%까지 대출이 가능합니다(다만, 2022년 7월부터 기존 총대출액이 1억원을 초과하면 주택담보대출과 신용대출 모두 DSR이 40%로 제한됩니다. 대출만기도 신용대출은 7년에서 5년으로, 비주택담보대출은 10년에서 8년으로 만기가 줄어들면서 DSR 계산 시 비율이 높아져 대출 한도가 줄어들게 됩니다. 따라서 비주택으로 분류되는 오피스텔도 LTV 70%까지 대출이 불가능해집니다. 단, 대출조건은 수시로 변하니 현재 상황을 체크하세요).

청약가점이 비교적 낮아 아파트 분양으로 내 집 마련이 쉽지 않은 신혼부부들도 주거형 오피스텔로 눈을 돌리고 있습니다. 오피스텔은 집값과 전셋값이 동시에 급등하고, 아파트 청약경쟁률이 치솟는 시기에 더욱 인기가 있습니다. 원룸이나 투룸 형태의 기존 오피스텔이 아니라, 아파트처럼 공간이 확실하게 구분되고 생활 여건이 좋은 아파텔(아파트+오피스텔)의 인기도 많아지고 있습니다.

오피스텔은 단기 투자로 이용되기도 합니다. 오피스텔 청약은 아파트와 달리 100% 추첨으로 선발합니다. 따라서 가점이 낮아도 청약할 수 있고, 오피스텔 분양권은 주택 수에 포함되지 않기 때문에 양도소득세 중과도 피할 수 있습니다. 특히 100실 미만 오피스텔은 당첨 후 바로 파는 전매도 가능합니다(최근 분양하는 오피스텔이 대부분 99세대인 이유입니다). 당첨될 경우 곧바로 적게는 수천만원에서 많게는 수억원 단위의 웃돈을 받고 분양권을 처분하기도 합니다. 물론 부동산 시장이 활황인 경우에 말이지요.

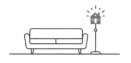

그래서
어떤 부동산을 살까?
❸ 상가 & 꼬마빌딩

상가주택/근린주택

상가주택/근린주택은 상가 겸용 단독주택입니다. 이름 그대로 상가와 주택이 한데 있는 건물입니다. 1층에는 상가가 있고, 위층에는 주거하는 집이 있는 형태입니다. 1층에 상가를 두고, 2~4층의 3개층은 주거용으로 이용하는 원룸 건물도 있습니다. 거주하면서 임대수익을 올릴 수 있는 것이 장점입니다.

과거에는 주택 부분 넓이가 상가 부분보다 넓으면 건물 전체를 주택으로 봐서 1가구 1주택자 비과세나 장기특별보유공제 혜택을 부여했습니다. 2022년부터는 12억원 이하 주택 부분에 대해서만 비과세를 적용합니다. 그 이상인 부분에 대해서는 양도세를 내야 합니다. 단독주택이나 빌라보다 값이 비싼 상가주택은 종부세 때문에 부담이 될 수 있습니다.

이러한 이유로 근린주택의 용도를 근린생활시설로 변경하는 일이 많아졌습니다. 다주택자의 주택 보유세 부담이 커지면서 전월세를 주어 얻는 수익보다 세금으로 내는 금액이 많아졌기 때문입니다. 대출 규제가 엄격한 주택과 달리 상가는 아직 상대적으로 자금 조달이 용이하다는 장점도 있습니다. 단독주택이나 다세대·다가구주택에서 2종 근린생활시설로 용도를 변경하려면 구청의 허가가 필요합니다. 주택 건축기준과 근린생활시설 건축기준이 다르므로, 정화조 용량 증설 등 근린생활시설 건축기준에 맞게 대수선을 거쳐야 합니다.

꼬마빌딩

꼬마빌딩은 20억~50억원 정도의 작은 건물을 말합니다. 지상 4~7층 정도의 상가건물로 최근에는 100억원 정도 하는 빌딩도 꼬마빌딩이라고 말하기도 합니다. 과거에는 자산가, 기업체, 정부기관이나 빌딩을 소유할 수 있다고 여겼습니다. 하지만 최근에는 아파트값이 급등한 덕분에 일반인도 아파트를 팔고 빌딩을 사는 게 가능해졌습니다.

꼬마빌딩의 인기요인은 다음과 같습니다.

• 대출 시 유리합니다. 규제지역에서 아파트는 15억원 이상이면 대출이 불가능하지만, 꼬마빌딩은 일반적으로 70%, 많게는 80%까지 대출이 가능합니다. 반면에 임대수익용 부동산은 금리에 민감합니다.

• 세금에서 유리합니다. 아파트의 경우 다주택자에게 취득세, 보유세, 양도세 모두 중과세가 적용됩니다. 특히 다주택자에게 보유세는 수익 없이 세금만 내는 셈이어서 매우 부담스러운 항목입니다. 반면에 꼬마빌딩은 토지 지분이 80억원을 넘을 경우에만 종부세를 부담합니다. 토지 지분이 80억원 미만의 꼬마빌딩에는 종부세가 부과되지 않습니다.

• 상속과 증여에 유리합니다. 아파트와 달리 꼬마빌딩의 상속증여 기준가격은 공시가격이나 국세청 기준시가로 적용됩니다.

꼬마빌딩 상권은 입지에 따라 세 가지 유형으로 분류됩니다.

❶ 상가주택형 상권

단독, 다가구주택, 오피스텔이 많은 상권입니다. 단순한 유동인구보다는 상주인구의 분포도가 상당히 중요합니다. 특히 출퇴근 시간대에 유동인구 흐름이 가장 많은 입지에 위치할수록 높은 임대수익을 얻을 수 있습니다. 코로나 팬데믹 이후 상가주택형 상가의 매출이 꾸준히 오르고 있습니다.

❷ 근린업무형 상권

먹자골목이나 전통시장 인근 상권입니다. 상가주택형과 반대로 상주인구보다 유동인구 분포도가 중요합니다. 유흥상권을 중심으로 근생업종이 있는 상권으로, 팬데믹 이후 가장 치명적인 타격을 받은 상권이었는데, 사회적 거리두기가 해제 된 이후 소비자들의 보복소비로 인해 가장 활기를 띄고 있습니다.

❸ 업무중심형 상권

대기업과 관공서가 밀집한 지역입니다. 커피 프랜차이즈, 병·의원 등의 우량 임차인이 입점할 만한 상권인지 여부가 중요합니다. 특히 4~6차로 이내 도로변에 접할 경우 높은 투자수익을 얻을 수 있으며, 이때 주변에 주차 시설이 풍부한지 반드시 조사합니다.

꼬마빌딩에는 어떤 임차인이 입점할까요? 빌딩 투자의 성공 여부는 결국 임차인의 성공 여부에 달려 있습니다. 어떤 조건이어야 임차인이 내 빌딩에서 영업을 잘할 수 있을까요?

- 일단 유동인구, 상주인구가 풍부한 지역이어야 합니다.
- 도로에 접한 면적이 넓을수록 좋습니다.
- 당연히 주차가 용이할수록 좋습니다.
- 접근 가능한 교통이 편리할수록 좋습니다.

우량 임차인을 입점시키고, 그들이 영업을 잘하도록 돕는다면 빌딩 투자에 성공할 수 있습니다.

상가

상가분석은 임차인이 영업을 잘할 수 있을지 분석하는 것입니다.

- **접근성**: 지하철이나 대중교통으로 접근할 수 있는 곳인지, 주차장은 있는지 확인합니다. 인근에 공용주차장이라도 있으면 좋겠지요.
- **가시성**: 밖에서(도로 위나 도로 건너편에서도) 잘 보이는지 확인합니다.
- **동선**: 상가까지 가는 동선이 편리할수록 좋습니다.
- **형태**: 네모반듯한 공간일수록 활용도가 높습니다.
- **기둥**: 상가 내부에 기둥이 없을수록 좋습니다. 만약 내부 중간에 기둥이 있다면 어떤 업종이든 입점을 망설일 것입니다.
- **간판**: 건물의 사방에서 간판이 잘 보일수록 좋습니다.
- **이웃한 상가의 업종**: 이 부분이 꽤 중요합니다. 예를 들어 유흥업종이 있는 상가에는 학원이 들어올 수 없습니다. 상가에 있는 기존 업종을 확인하고, 해당 상가에 어울리는 적절한 업종을 판단합니다.

이렇게 상가에 대해 개별적으로 분석한 후 수익성을 판단합니다. 업종마다 마진율은 천차만별이므로 원하는 업종의 마진율도 조사해 봅니다. 예상 임대료와 관리비를 유추해 보고, 임차인이 월세를 감당하면서 수익을 낼 수 있는지 계산해 봅니다. 임차인의 성공이 바로 상가주인의 성공입니다.

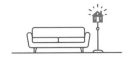

돈이 되는
부동산이란?
(땅의 종류)

전국이 다 개발 중이니 어디든 다 좋을까?

"왕숙지구? 여긴 어디예요? 처음 듣는 동네라 어딘지도 모르겠어요."

"모르는 게 당연하지. 새로 생기는 신도시거든."

"신도시 부동산은 교통도 좋고 다 좋은 것 같아요. 신도시 부동산을 저도 살 수 있을까요?"

"살 수 없는 건 아닌데, 정부의 분양시스템을 통해 분양을 받아야 해."

"저처럼 젊은 사람은 분양 받기 힘들다고 들었어요. 아이가 많거나 무주택 기간이 긴 사람이 시세보다 저렴하게 들어갈 수 있는 아파트…. 맞아요?"

"얼추 맞아. 새 아파트는 저렴하게 분양하도록 정부에서 규제하거든. 그래서 분양가가 시세보다 저렴해. 새 아파트인데 저렴하기까지 하니 다들 분양을 받으려고 줄을 서는 거야. 개인마다 점수를 두고 경쟁하는 거지. 점수, 즉 가점이 높아야 당첨될 확률이 높아."

"로또 같은 거네요. 운이 좋아서 걸리지 않으면 꽝!"

"너같이 나이도 어리고 부양가족도 없으면 가점이 낮아서 당첨될 가능성이 낮아."

"새 아파트는 쉽지 않겠어요. 그럼 저한테는 기회가 없나요?"

"그럴 리가! 당연히 기회가 있지. 교통이 연결되는 지역, 새 아파트가 들어서는 지역, 새로운 일자리가 생기는 지역이 좋은 지역이라고 했잖아. 그 지역을 선점하는 방법에는 뭐가 있을까?"

"일찍 사면 될 것 같아요. 입지 호재가 생길 것을 미리 알 수 있나요?"

"그런 호재들이야 뉴스에 늘 나오지. 어떤 땅과 관련된 이 뉴스 키워드들을 한번 볼래?"

"제2의 강남" "3호선 · 5호선 · 9호선 노선 연장 계획"
"신생 첨단 기업 입주해 퓨처밸리 조성 예정"

"다 호재네요. 이 땅은 무조건 사둬야 할 것 같은데요?"

"음, 홍보 문구만 보면 눈이 휘둥그레지는 금싸라기 땅 같지만, 이 땅은 개발이 불가능한 야산이야. 기획부동산에서 이렇게 개발이 불가능한 땅을 팔아서 문제가 되곤 하지. 특히, 이 사건은 피해자만 전국에 3,000명이 넘고 피해금액도 2,500억원에 달했어. 유명 연예인, 사업가도 깜박 속았다나봐. 왜 이런 사기에 넘어간다고 생각해?"

"고급정보라고 믿었겠죠. 그런데 사기 부동산이 아니라, 정말 개발될 수도 있는 것 아니에요? 혹시라도 말이에요."

"가끔 그런 일이 없는 건 아니지. 그런데 생각해 보면 이런 고급 정보가 초보 투자자에게까지 올 리 없잖아. 네가 알게 되는 최신 정보는 이미 모두가 아는 정보라는 것을 기억해. 사실 부동산에 대한 정보는 정말 많아. 그 많은 정보 중에서 현실화될 것과 그렇지 않은 것을 구분해야 하지. 물론 쉬운 일은 아니야."

"그렇다면 개발할 수 있는 부동산과 아예 개발할 수 없는 부동산이 처음부터 정해져 있나요?"

"맞아, 처음부터 정해져 있어. 개발할 수 없는 토지는 활용도가 없으니까 저렴한 거야. 사람들이 부동산을 잘 모르는 것을 이용해서 비싸게 파는 사기꾼들이 있는 거지."

"토지의 가치를 스스로 판단할 수 있는 지식이 있어야겠어요. 개발 가능한 토지를 미리 선점하면 저렴하게 살 수도 있잖아요. 그런데 개발 가능한 토지인지 아닌지 어떻게 알 수 있어요?"

"토지의 용도와 역할이 공개되어 있거든. 토지의 용도에 대해 알려줄게."

토지의 용도

아이들이 수학공부를 할 때 보면 문제를 풀기 전에 개념정리를 먼저 하지요? 우리도 부동산과 주택 이야기를 하기 전에 약간의 이론을 먼저 다루고 갈게요. 평소에 익숙하지 않은 단어들이 있어서 낯설겠지만, 그래도 가볍게 알고 넘어가는 게 좋아요(모르는 용어들은 그냥 패스하면서 편안하게 읽어주세요). 개 발제한구역, 그린벨트 등의 용어들을 들어본 적이 있으시지요? 토지마다 자신의 역할이 있습니다. 이것을 전문용어로 '용도'라고 해요. 대한민국 모든 토지에는 용도가 정해져 있습니다. 용도지역은 크게 네 가지로 구분해요. 바로 도시지역, 관리지역, 농림지역, 자연환경보전지역입니다.

네 가지 중에 가장 익숙하지 않은 용도 두 가지를 먼저 알아볼까요?

❶ 자연환경보전지역

자연을 '보전'하기 위한 지역입니다. 국토의 70%가 산림인 우리나라는 산림을 함부로 훼손하지 못하게 법으로 정해두었지요. 보전한다는 것은 제한한다는 뜻이므로 이 지역에서는 집을 짓는 등의 개발이 쉽지 않아요.

❷ 농림지역

농사를 짓는 곳입니다. 우리나라는 전통적으로 농사를 중요하게 여기므로 농림지역의 개발을 제한합니다. 농지는 원칙적으로 농업인만 보유할 수 있지요. 2021년 3월 한국토지주택공사(LH) 직원들이 내부정보를 이용하여 경기 광명·시흥 신도시에 투기를 한 일이 있었습니다. 이와 같이 공직자들의 농지 소유 문제가 불거진 것은 한두 번이 아닙니다. LH 사태 이전에도 수차례 있었지요. 경제정의실천시민연합이 발표한 '21대 국회의원 농지소유현황'에 따르면 전체 국회의원 3,000명 가운데 25.3%인 760명이 농지를 소유한 것으로 나타났습니다. 문재인 대통령도 경남 양산에 사저를 매입하면서 영농 경력 11년의 농업인이라고 했습니다. 우스갯소리로 정치인을 '여의도 농부'라고 한답니다.

일반인이나 공무원들의 농지 투기 문제도 종종 나오는 이슈입니다. 대규모 개발이 아니어도 「농지법」 위반은 심심찮게 지적되며 LH 직원의 사례처럼 나무를 심어 놓는 수법이 대표적입니다. 「농지법」상 농지에 조경수를 심는 것도 가능하지만, 사실 농지를 제대로 이용하는 방법은 아니어서 「농지법」에 대한 논의는 계속되고 있습니다.

우리가 집을 짓고 사는 지역은 도시지역과 관리지역입니다. 토지의 용도에 대한 내용을 공부할 때 자주 접한 용어일 거예요.

❸ 도시지역

대부분의 사람들은 도시지역에 살고 있어요. 도시지역은 크게 주거지역, 상업지역, 공업지역, 녹지지역으로 나눕니다. 우리가 사는 집은 대부분 주거지역에 있지요. 상업지역에는 상가가 있고, 공업지역에는 공장이 있습니다.

❹ 관리지역

차후 도시지역이 될 수 있는 지역으로 나라에서 관리하는 지역입니다. 관리지역은 계획관리지역, 생산관리지역, 보전관리지역으로 나눕니다.

강남역: 도시지역의 일반상업지역, 1,2,3종 주거지역

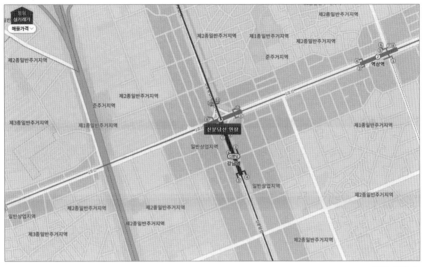

출처: 호갱노노

경강선 삼동역: 관리지역의 계획관리지역, 보전관리지역, 농림지역

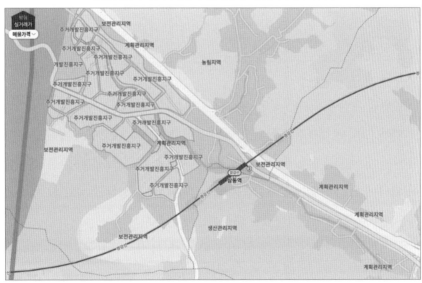

출처: 호갱노노

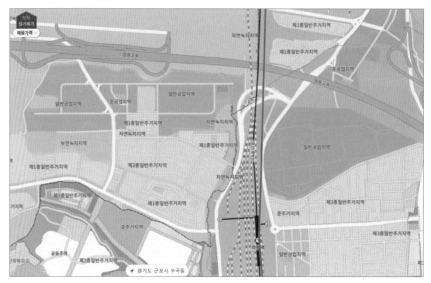

의왕역: 일반공업지역, 준공업지역, 준주거지역

출처: 호갱노노

"토지의 네 가지 용도 중 자연환경보전지역과 농림지역은 집을 지을 수 없는 지역이군요."

"그렇지. 그래서 저렴해."

"반면에 개발이 되기만 하면 대박을 낼 수 있는 땅이기도 하고요."

"맞아. 그래서 내부정보를 알고 있는 공직자가 개발 예정지를 사면 문제가 되는 거야. 개발할 땅을 공무원이 미리 선점해 버리면 공무원 배만 불리는 셈이 되니까. LH 사태가 문제가 되는 건 소유자에게는 헐값에 사고 그 개발이익은 공무원이 다 가져가버렸기 때문이야. 공평하지 않잖아."

"맞아요, 이런 일이 되풀이되면 절대 안 되겠어요!"

토지의 지목

용도가 토지이용을 유도하고 규제에 관한 내용이라면 지목은 토지를 사용하는 목적에 관한 내용입니다. 지목은 필지마다 하나씩 설정되어 있어요. 각각 토지의 특성을 나타냅니다. 우리나라 모든 토지는 21개 용도지역과 28개 지목 중 하나에 속합니다.

예를 들어 계획관리지역의 전, 공업지역의 대지, 자연환경보전지역의 임야라고 할 때 계획관리지역, 준공업지역, 자연환경보전지역 등은 토지의 용도지역이고 전, 대지, 임야는 지목입니다. 용도지역은 나라에서 규제를 위해 만든 것이기에 맘대로 바꿀 수 없지만, 지목은 땅의 소유주가 변경할 수 있습니다. 한마디로 용도변경은 나라가 정한 대로 따라야 하지만, 지목은 소유주가 변경 신청을 할 수 있어요. [계획관리지역]의 [전]을 [대지]로 지목을 변경하면 전원주택을 지을 수 있지요.

그렇지만 지목변경이 항상 자유로운 것은 아니에요. 일정한 규칙 안에서 지목을 변경할 수 있거든요. 관할 관청의 허가를 받아 비용을 내고 지목을 변경할 수 있어요. 용도지역과 지목이 건축하기에 적합하면서 건폐율과 용적률이 높으면 토지의 가치가 올라갑니다. 전이나 임야를 대지로 지목을 변경하면 건물을 올릴 수 있어서 토지의 가치가 높아져요.

"잠깐만요, 엄마! 전이면 밭이잖아요. 밭에 집을 지을 수 있다고요?"

"그렇지. 밭(전)과 산(임야)으로 된 지목을 집 지을 수 있는 땅(대지)으로 변경할 수 있어. 우리 집을 지으려는 양평 땅도 원래 지목은 전이야."

"거기는 전원주택단지잖아요. 분명 밭은 아니었어요."

"맞아, 지목과 현황이 늘 같지는 않거든. 개발하고 있는 전원주택단지의 토지 지목이 임야인 경우도 많아. 관청의 허가를 받아 대지로 지목변경을 요청하는 거지."

"그렇구나. 신기하네요."

집을 지을 수 있는 토지

"집을 지을 수 있는 토지가 따로 있는 줄 알았어요."

"전, 답, 임야가 있는 관리지역은 전원이 있는 곳이야. 보통 관리지역은 전원이 있는 곳이야. 하지만 많은 사람들이 도시에 모여 살잖아. 우리도 도시에 살고 있고, 사람들이 주로 집을 짓고 사는 토지는 도시지역에 속해. 도시지역에 대해 자세히 알려줄게."

집은 주로 도시지역에 있는 주거지역에 짓습니다. 주거지역은 1종, 2종, 3종으로 나뉘는 전용주거지역과 일반주거지역으로 나뉩니다.

전용주거지역은 기존에 형성된 양호한 주거환경을 보전할 필요가 있는 지역입니다. 도시자연공원이 연계된 지역 등이 대상이지요. 공기 좋은 곳에 위치한 주거단지가 있는 곳이에요. 1종 전용에는 주로 2층 정도 되는 단독주택이 있고(용적률 50% 이상~100% 이하), 2종 전용에는 단독주택, 아파트, 근린상가가 들어설 수 있습니다(용적률 100% 이상~150% 이하).

1종, 2종, 3종 일반주거지역은 편리한 주거환경이 있는 곳입니다. 도시의 많은 사람들이 이곳에서 살고 있지요.

1종 주거지역은 저층으로 건물을 지을 수 있는 지역입니다. 이 지역에서는 주택을 4층 이하의 층수로만 건축해야 합니다. 5층까지 지으려면 1층에 주차장을 두거나 1층에 상가를 지어야 해요. 이 지역에는 주로 상가주택이나 빌라들이 있습니다(용적률 100% 이상~200% 이하).

2종 지역에는 중간 크기 건물을 지을 수 있습니다. 18층 이하의 아파트, 종교시설, 유치원, 학교가 들어옵니다(용적률 150% 이상~250% 이하).

3종 지역에는 층수 제한이 없습니다. 고도에 제한이 없으니 건물을 높이 지을 수 있어서 사무용 빌딩이나 오피스텔 등 다양한 건물들이 들어오지요. 1, 2종보다 가치가 높고 특히 재개발이나 재건축에 유리해요(용적률 200% 이상 ~300% 이하).

준주거지역은 주거와 상가가 함께 있는 곳입니다. 용적률이 최대 400%라 투자가치가 높습니다.

평촌역 인근 주거지역 지적도와 지도

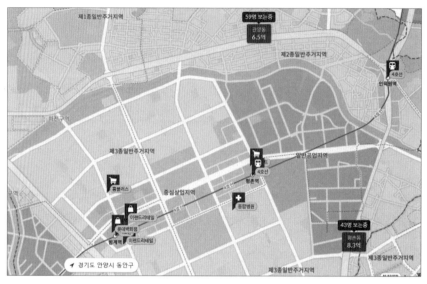

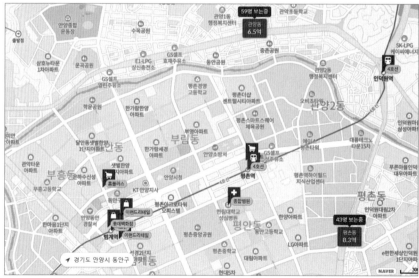

출처: 네이버부동산

"높은 건물을 올릴 수 있는 토지가 좋은 땅이네요. 당연히 비싸겠지요?"

"아무래도 그렇지. 강남, 잠실 이런 지역의 토지는 건물을 높게 지을 수 있도록 정부에서 정한 땅이야. 서울에는 개인이 살 수 있는 토지가 별로 없어."

"그럼 어차피 사지도 못할 텐데 토지를 알아야 하는 이유가 뭐예요?"

"모든 토지를 개인이 못 사는 건 아니거든. 살 수 있는 토지도 있어. 우리가 집 지을 토지도 개인인 엄마가 낙찰 받은 땅이잖아. 도시지역이 아닌 계획관리지역이나 보전관리지역에는 저렴한 땅도 있어. 하지만 우리가 토지의 용도를 먼저 공부하는 궁극적인 이유는 토지를 사기 위해서라기보다는 토지 위에 있는 건축물을 알기 위해서야. 아파트, 빌라, 공장, 상가, 빌딩 모든 건축물은 토지 위에 있으니까. 이제 토지 위에 있는 건물에 대해 알아보자. 네가 진짜 원하는 부동산 공부는 이제부터 시작이야."

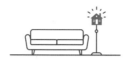

돈이 되는
부동산이란?
(건폐율과 용적률)

"이제 집을 지을 수 있는 토지에 대해 이야기해 보자. 사람들이 집을 짓고
사는 곳을 주거지역이라고 해."

"우리가 사는 곳이 주거지역이죠?"

"맞아, 사람들은 대부분 주거지역에서 살아. 하지만 주거지역도 다 같은 주
거지역이 아니야."

"뭐가 다른데요?"

"가치가 다 달라. 토지는 어떤 건물을 어느 규모로 올릴 수 있느냐에 따라
그 가치가 완전히 달라져."

용적률과 건폐율

잠깐 어려운 용어 좀 쓰겠습니다. 건폐율과 용적률은 꼭 알고 가야 해요. 어마어마하게 중요한 개념이거든요.

건폐율은 땅(대지면적)에 대한 건물(바닥면적)의 비율이에요. 땅에 건물을 얼마나 넓게 지을 수 있느냐를 나타내지요. 용적률은 땅(대지면적)에 대한 건물 전체(연면적)의 비율이에요. 예를 들어 볼게요. 계획관리지역의 건폐율은 40% 이하, 용적률은 100% 이하입니다. 전체 땅이 100평이라면 건물의 바닥면적은 최대 40평까지 지을 수 있고(건폐율), 2층에 40평, 3층에 20평을 더 올려총 최대 100평(용적률)까지 지을 수 있다는 뜻이에요(다만, 대통령령이 정하는 추가내용이 있으면 40%, 100%보다 더 줄어들 수도 있습니다).

토지의 건폐율과 용적률이 클수록 건물을 넓고 크게 지을 수 있어요. 같은 면적이라도 건물을 더 넓고 높게 지을 수 있다면, 당연히 그런 땅이 가치 있는 땅이겠지요.

아래 뉴스를 읽고 한번 이해해 볼까요?

[뉴스] 김○○ 가로주택추진위원장은 "가로주택정비사업 방식으로 가면 기부채납 3종 일반주거지역의 상한용적률 300%를 적용한다"라며 "상가주들이 역세권 추진위가 지구단위계획을 변경하면 450%까지 용적률을 완화할 수 있다는 이야기를 듣고 의견이 쪼개진 상황"이라고 전했다. 실제 역세권 공공임대 추진위원회는 지난 4월 지구단위계획 관련 변경안을 종로구청에 제출하고 이를 통해 3종일반주거지역을 준주거지역으로 종상향하고 용적률과 건폐율 상향을 추진하고 있다. 역세권 공공임대 추진위원회 관계자는 "서울시에 제출할 조합 설립을 위한 동의 요건이 67.6%인데 현재 50%가 넘었다"라며 개발방식을 고수할 뜻을 내비쳤다.

용적률이 300%에서 450%까지 완화되면 건물을 150%만큼 더 크게 지을 수 있습니다. 용적률과 건폐율은 이 건물을 지어야 할지 말지를 결정할 정도로 중요하답니다. 수익성과 밀접한 관련이 있기 때문이에요.

[뉴스] 성남시는 해당 부지의 대부분을 주거용으로 허가해주고 용적률을 560%로 대폭 상향했다. 성남시의료원 기숙사 건립을 기부채납 조건으로 걸긴 했지만, 인허가 특혜를 제공했다는 게 업계 판단이다. 이를 통해 개발된 가스공사 부지엔 '분당더샵파크리버'가 들어섰다. 아파트(506가구)와 오피스텔(165실)로 이뤄진 이 주상복합은 수십 대 1의 청약 경쟁률을 기록했고, HTD&C는 오피스텔 분양을 빼고도 5,400억원이 넘는 수익을 올렸다.

용적률을 400%에서 560%로 상향하는 파격적인 조건으로 아파트가 들어섰습니다. 용적률을 올리면 더 높게 아파트를 지을 수 있습니다. 각종 권력의 비리, 특혜 논란의 중심에는 항상 건폐율, 용적률이 있지요. 이 부분은 개인이 건드릴 수 없는 영역입니다. 이에 비해 지목은 소유자가 바꿀 수 있는 영역이 많습니다.

부동산과
세금

세금 없는 부동산은 없습니다

"아들, 어떤 부동산에 가장 관심이 가니?"

"전 꼬마빌딩이요. 돈만 있으면 빌딩주가 되고 싶어요."

"꿈이 커서 좋다! 얼마든지 가능해. 당장은 불가능하겠지만, 너한테는 젊음이라는 자산이 있잖아. 작은 물건부터 시작하자. 지금부터 부동산 투자를 할 때 반드시 알아야 할 세금에 대해 알려줄게. 세금 내봤지?"

"그럼요, 알바를 해도 세금 다 떼고 입금되는 금액은 얼마 안 돼요."

"잘 모르면 세금을 더 많이 내야 해. 특히 부동산은 세금체계가 굉장히 복잡한 것 알고 있니? 오죽하면 세무사님들도 부동산 전문이 아니면 부동산 세금 상담을 꺼리더라."

"세금은 '세' 자만 들어도 왠지 어려울 것 같아요."

"걱정하지 마, 세금은 원래 한번 알고 나서 돌아서면 잊어버리는 거야. 부동산을 거래할 때 그 시점의 세법을 다시 확인하면 돼."

"거래할 때 다시 확인해야 하는군요."

"세법이 자주 개정되는 데다, 부동산을 구입한 날짜나 파는 날짜에 따라서 세율이 달라지는 복잡한 구조로 되어 있거든. 자, 지금부터 세금 이야기를 시작해볼까?"

주거용 부동산에는 크게 네 종류의 세금이 부과됩니다. 집을 살 때 내는 취득세, 집을 보유할 때 내는 보유세(재산세와 종부세), 집을 팔 때 내는 양도세, 마지막으로 직접 살지 않고 임대 줄 때 내는 임대소득세가 바로 그것입니다.

취득세

취득세는 집을 살 때 내는 세금입니다. 취득세율은 소유한 주택 수에 따라 요율이 달라집니다. 처음 내 집을 장만하는 실수요자, 구입하려는 주택이 국민주택 84m² 이하 규모라면 1.1%입니다. 가장 기본이 되는 취득세율이지요. 과거에는 모두 1.1%였지만, 부동산 정책이 강화되면서 2주택자, 3주택자 등 주택 수에 따라서 세율이 달라지도록 바뀌었습니다. 주택을 3채 이상 보유하면 최대 12%가 부과됩니다.

세금에는 주세가 있고 그에 딸린 부가세가 있습니다. 부가세는 주세의 10%로 금액이 그리 크지는 않습니다. 다주택자가 아니라면 취득세는 크게 부담스럽지 않을 거예요.

취득세의 세율(2022년)

취득 원인		적용세율	비고
표준세율	① 상속에 의한 취득	2.8%(농지 2.3%)	유언에 의한 증여 포함
	② 상속 외 무상(증여) 취득	3.5% (비영리사업자 취득 2.8%)	조정대상지역 다주택자 3억원 이상 주택 증여 시 12%
	③ 원시 취득	2.8%	지방소득세
	④ 공유물의 분할 취득	2.3%	신축건물 등
	⑤ 기타 유상 취득	4%(농지 3%)	지분 이전 등
	⑥ 주택의 유상 취득	취득가액 - 6억원 이하 1% - 6억원 초과 ~ 9억원 2% - 9억원 초과 3%	- 오피스텔은 해당 없음 - 가정어린이집, 지역아동센터용 주택도 해당
⑦ 과밀억제권역 내 공장신증설 취득		표준세율 + 4%	⑦과 ⑧ 동시 적용 시 표준세율의 3배 ⑧과 ⑨ 동시 적용 시 표준세율의 3배 + 4%
⑧ 대도시 법인설립 및 공장신증설 취득		표준세율×3 - 4%	
⑨ 별장, 고급주택, 고급선박 등 취득		표준세율 + 8%	

다주택·법인 주택 취득세 중과

	2주택*	3주택	법인·4주택 이상
조정대상지역	8%	12%	12%
비조정대상지역	1~3%	8%	12%

* 일시적 2주택은 1주택으로 과세. 단, 3년 이내 기존주택 미처분 시 차액 추징(기존주택과 신규주택 모두 조정대상지역 소재인 경우 1년)

보유세

보유세는 매년 6월 1일 기준으로 집을 보유하는 소유자가 내는 세금입니다. 보유세에는 재산세와 종합부동산세(종부세)가 있습니다.

재산세는 금액이 그리 크지 않습니다. 반면 종부세는 꽤 부담스럽습니다. 과거에는 고가의 집을 가진 부자들만 내는 세금이었는데, 2021년에는 집 값 상승으로 인해 서울 시민 6명 중 1명꼴로 종부세를 냈습니다. 국세청의 [2021년 주택분 종부세 시도별 고지 현황]에 의하면, 서울 종부세 대상자는 총 48만명이고, 세액은 2조 7,766억원이었습니다. 전체 고지 대상자는 94만 7,000명이고, 전체 고지 세액은 5조 6,789억원에 달했습니다.

종부세를 계산할 때는 공시가격을 기준으로 합니다. 정부에서는 매년 공시가를 공시하는데, 실거래가와 차이를 줄이고자 공시가를 높이고 있습니다. 세금의 기준이 되는 공시가가 높아지면 불편해집니다. 종부세는 인별로 소유한 전국 주택의 공시가격이 6억원을 초과할 때 부과됩니다. 단 1세대 1주택자는 주택의 공시가격이 11억원을 초과할 때 종부세를 냅니다. 내 집 마련으로 11억원 이하인 물건을 취득한다면 종부세는 전혀 고려할 필요가 없습니다. 기준금액 이하의 물건에는 종부세가 나오지 않습니다(2022년에 한해 종부세 기본공제를 14억원으로 상향하는 안건이 조정 중입니다.).

보유세를 염두에 둔다면 거래시기를 조절해야 합니다. 집을 파는 사람은 가능하면 5월 31일까지 파는 게 좋고, 집을 사는 사람은 6월 2일에 사는 게 좋습니다. 보유세 납세자는 6월 1일 기준으로 소유한 사람이니까요. 만약 5월 15일에 낙찰을 받고, 6월 15일에 잔금을 납부했다면 보유세를 납부할 사람은 경매를 당한 전 소유주입니다.

주택분 종합부동산세의 계산

구분		종합부동산세
과세표준		납세의무자별 소유 주택 공시가격 합계 − 6억원[1] × 공정시장가액비율 60%[2]
세율[3]	2주택 이하	• 3억원 이하: 0.6% • 3억원 초과 ~ 6억원 이하: 0.8% • 6억원 초과 ~ 12억원 이하: 1.2% • 12억원 초과 ~ 50억원 이하: 1.6% • 50억원 초과 ~ 94억원 이하: 2.2% • 94억원 초과: 3%
세율	3주택 이상 (조정지역 2주택)	• 3억원 이하: 1.2% • 3억원 초과 ~ 6억원 이하: 1.6% • 6억원 초과 ~ 12억원 이하: 2.2% • 12억원 초과 ~ 50억원 이하: 3.6% • 50억원 초과 ~ 94억원 이하: 5% • 94억원 초과: 6%
재산세액공제		(주택분재산세합계액) × (주택분종부세과세표준에 주택분 재산세 표준세율로 계산한 재산세 상당액) ÷ (주택분 합산 금액에 재산세 표준세율로 계산한 재산세 상당액)
1세대 1주택 세액공제 (80% 한도 중복 적용 가능)		• 고령자세액공제 = 재산세공제후산출세액 × 공제율(60~65세 미만 20%, 65~70세 미만 30%, 70세 이상 40%) • 장기보유자세액공제 = 재산세공제후산출세액 × 공제율(5~10년 미만 20%, 10~15년 미만 40%, 15년 이상 50%)
세부담 상한	2주택 이하	전년도 세액의 150%
	3주택 이상 (조정지역 2주택)	전년도 세액의 300%[4]

1) 1주택인 경우 11억원
2) 법인보유주택은 해당하지 않음
3) 법인은 2주택 이하 3% 일률, 3주택 이상 또는 조정지역 내 2주택 6% 일률
4) 법인은 세부담상한 폐지

양도세

부동산 세금 중 가장 신경 쓰이는 것이 양도세입니다. 양도세는 양도차익에 대한 세금으로, 수익이 났다면 수익에 비례해서 세금을 냅니다. 세금을 가장 적게 내는 방법은 안 내는 거지요. 1주택을 보유하다가 2년 이후에 팔면 비과세입니다. 다만, 조정대상지역 내라면 2년 동안 실제로 거주해야 합니다. 2주택자 이상이라면 비과세혜택이 없습니다. 오히려 더 많은 세금을 내도록 중과세됩니다(단 2022년 5월 10일부터 한시적으로 보유기간이 2년 이상인 조정대상지역 내 주택을 양도하는 경우 한시적으로 중과 배제).

중과세가 되면 세금으로 다 내고, 정작 내가 손에 쥐는 수익은 없을 수도 있습니다. 1년 이내 단기에 매도하면 세금이 자그마치 70%나 됩니다. 5,000만원에 집을 낙찰 받아서 1억원에 매도했다면 비용을 제외하고 약 4,000만원의 수익이 납니다. 이 중 70%를 세금으로 내고 나면 남는 돈은 1,200만원 정도 되겠네요. 이러한 물건을 5개 정도 거래하면 5,600만원의 수익을 낼 것입니다. 물건 하나하나의 수익은 적지만, 부지런히 거래하면 더 많은 수익을 낼 수 있겠지요.

단기에 매도할 계획이라면 법인명의로 취득하는 것이 유리합니다. 법인은 양도세 20%, 소득세 10%(각 부가세 10%)로 총 30%의 세금만 부담하면 됩니다. 단, 법인은 장기보유특별공제 등 혜택이 없고, 한 채만 보유해도 종부세를 내야 하므로 장기보유에는 불리합니다.

명의에 따라 어떻게 달라지는지 예를 들어볼까요?

얼마 전 제가 운영하는 네이버 카페 〈즐거운 경매〉 회원이 4억원에 낙찰 받은 물건을 3개월 만에 매도하게 되었습니다. 시세차익은 1억원이었지요. 단기매도라서 양도차익의 70%인 7,000만원을 세금으로 내면 수익은 3,000만원에 그칩니다. 만약 이 물건을 법인명의로 낙찰받았다면, 반대로 세금이 3,000만원, 수익이 7,000만원이었을 것입니다(단, 6월 1일에 보유한 상태라면 종합부동산세를 내야 하니 주의하세요).

아들은 낙찰 받은 물건을 2년 동안 유지한 뒤 1가구 1주택 비과세혜택을 받기로 했습니다. 조정대상지역 외 지역이라 거주요건은 없습니다. 매도 시 1억원 이상이 될 것으로 보이며, 양도세가 없기에 2년 후 4,000만원의 매도차익이 날 것으로 예상합니다. 어떤 방식이 좋다고 정해져 있는 것은 아닙니다. 다만, 1주택자로 머물다가 2년 이후에 매도하고, 다음 집으로 갈아타는 것이 세금을 가장 적게 내는 방법입니다. 1주택자로 머물 것인가, 2주택 이상 다주택자가 될 것인가는 개인의 선택입니다. 내 상황에 맞추어 선택하면 됩니다.

부동산 종류와 보유기간에 따른 기본세율

종류	구분	보유기간	보유기간에 따른 세율
등기부동산	토지, 건물	2년 이상	누진세율
		1년 이상 2년 미만	40%
		1년 미만	50%

	비사업용 토지*		누진세율 + 10%(16~55%)
등기부동산	분양권	2년 이상	60%
		1년 이상 2년 미만	60%
		1년 미만	70%
	주택 및 조합원 입주권	2년 이상	누진세율
		1년 이상 2년 미만	60%
		1년 미만	70%
미등기 부동산 등			70%

* 2009.3.16~2012.12.31에 취득한 비사업용토지는 기본세율(보유기간 2년 미만 40%, 또는 50%) 적용

임대소득세

임대소득세는 임대소득에 대한 세금으로 보통 다주택자들이 냅니다. 지금은 주택으로 임대소득을 만들기가 곤란한 시기입니다. 임대사업자에 대한 세금혜택이 사라진 데다 보유세가 높아서 임대사업을 할 것인지 여부를 신중히 고려해야 합니다. 하지만 시장 상황은 언제라도 변할 수 있으니 월세 수익을 노릴 기회를 틈틈이 엿보시길 바랍니다.

윤석열 대통령은 등록임대사업자제도 활성화를 검토하겠다고 밝혔습니다. 국토교통부 장관 후보자도 민간 등록임대제도 활용을 강조하며, 등록임대사업자에 대한 세제·금융지원을 확대하는 방안을 제시하고 있습니다. 다시 주택임대사업자로 임대소득을 올릴 수 있는 기회가 생기길 바랍니다.

세법을 모두 다 기억하는 것은 쉽지 않습니다. 매년 4월 국세청에서 발간하는 세금 관련 책자가 있으니 필요시 이 책을 꼭 읽어보시기를 바랍니다. 일년에 한 번씩 개정된 세법을 정리하는 데 아마 도움이 되실 겁니다.

출처: 국세청

임차인이
꼭 알아야 할 권리

평생 한번은 써먹을 부동산 권리 지식

"휴, 부동산은 가면 갈수록 어려운 것 같아요. 세금도 알아야 하고, 공부할 기초지식이 너무 많아요."

"바로 그 점이 좋은 거야. 뭐든 진입장벽이 높을수록 경쟁이 덜하거든. 많이 알면 알수록 할 수 있는 부분이 많아지지."

"알겠어요. 그렇지만 일반인이 알기에 어려운 점이 많은 건 사실이에요."

"맞아, 하긴 술술 읽히는 만화같이 쉽지는 않지. 수학, 영어처럼 부동산도 공부해야 해. 공부를 안 하면 치명적인 손해를 입을 수도 있거든."

"그럼 아예 집을 안 사면 손해는 안 보겠지요?"

"안타깝게도 그렇지가 않아. 전세나 월세로 사는 임차인이 손해 보는 일도 부지기수거든. 남의 집에 세들어 살수록 부동산 공부, 특히 임차인의 권리에 대한 공부는 필수야."

"임차인의 권리요? 그게 뭐예요?"

"나라에서는 「주택임대차보호법」으로 임차인을 보호하고 있어. 그런데 법은 자신의 권리를 주장하지 않는 사람은 구제하지 않는단다. 임차인은 임차인으로서 의무를 다하고 자신의 권리를 찾아야 해."

"임차인의 의무라고요? 그런 얘기는 처음 들어봐요."

"임차인으로 인정받기 위해서는 전입신고를 먼저 해야 해. 전입이 되지 않으면 임차인으로 인정받지 못하거든. 그러면 살던 집이 혹시라도 경매로 넘어갈 경우 보증금을 돌려받을 수 없어."

"말도 안 돼요. 보증금은 전 재산이잖아요. 전 재산을 날릴 만큼 중요한 권리라면, 그렇게 중요한 것을 왜 학교에서 가르쳐주지 않죠?"

"그러게 말이다. 참 안타까운 현실이야. 고등학생이라면 「주택임대차보호법」 정도는 마스터하고 세상에 나오면 좋겠어."

" 대학 진학을 하면서 첫 월셋집을 구하는 학생들도 많잖아요. 다들 보증금을 날릴 위험도 모르고 첫 집을 계약한다는 사실이 놀라워요."

"그런 일을 겪지 않도록 내 재산을 지켜주는 「주택임대차보호법」의 임차인의 권리에 대해 널리 알려보자."

대항력

임차인은 「주택임대차보호법」의 보호를 받습니다. 우리나라의 「주택임대차보호법」은 매우 막강합니다. 과거에는 집주인이 "그만 이사 가세요"라고 하면 임차인은 억울해도 무조건 이사를 나가야 했습니다. 하지만 1981년 「주택임대차보호법」이 제정된 후 임차인의 권리가 달라졌습니다.

특히 임차인이 집주인에게 대항할 수 있는 힘이 생겼는데, 이것을 '대항력'이라고 합니다. 임차인의 권리 중 첫 번째가 바로 대항력입니다. 이제 집주인은 계약기간 중 임차인에게 나가라고 말할 수 없습니다. 대항력은 성립요건도 간단합니다. 주민센터에 가서 전입만 하면 됩니다.

그런데 경매에서의 대항력은 조금 다릅니다. 경매에는 말소기준권리라는 것이 있습니다. 권리가 사라지는 기준이지요. 경매에서는 말소기준권리 밑으로 모두 소멸인데, 여기에 대항력도 포함됩니다. 따라서 말소기준권리보다 늦게 전입신고를 한 대항력은 소멸하여 힘이 없습니다. 힘 있는 대항력은 말소기준권리보다 먼저 전입한 선순위 대항력입니다. 경매에서 대항력은 말소기준권리보다 먼저 전입했느냐, 늦게 전입했느냐에 따라 달라집니다. 그러므로 전입일이 빠른 것이 중요합니다.

말소기준권리보다 먼저 전입한 선순위 임차인에게는 막강한 힘이 있다고 했지요? 힘이 얼마나 셀까요? 선순위 임차인이 법원에서 자신의 보증금을 배당 받지 못한다면 낙찰자가 인수해야 합니다. 즉, 낙찰자가 임차인이 못 받은 보증금을 내어주어야 합니다. 경매에서 선순위 임차인이 있으면 더욱 주의해야 합니다.

반대로 내가 임차인이라면 선순위 임차인이 되어야겠지요. 하지만 선순위 임차인이라고 해서 무조건 안전한 것만은 아니에요. 최근 깡통전세로 인한 문제도 많거든요. 깡통전세는 집의 가치에 비해 전세가가 높은 집입니다. 이런 경우 입찰자가 선순위 임차인의 보증금을 인수해야 하니까 아무도 입찰을 하지 않아 경매가 제대로 진행되지 못하지요.

대항력이 생기는 기준일은 전입한 다음 날 0시입니다. 오늘 전입했다면 내일부터 대항력이 생깁니다. 만약 집주인이 나쁜 마음을 먹고 전세 들어오는 날 대출을 일으켜 근저당이 설정된다면 어떻게 될까요? 같은 날짜에 전입과 다른 권리, 두 가지가 동시에 진행될 경우 대항력이 늦습니다. 대항력의 효력은 내일부터 생기니까요. 법의 허점이지요.

임차인의 권리에서 확인해야 할 두 번째는 '경매 시 임차인이 배당을 잘 받을 수 있는가'입니다. 임대하여 살고 있는 집이 경매에 넘어갔을 때 임차인이 배당받는 권리는 크게 세 가지로 최우선변제권, 우선변제권, 주택임차권입니다.

최우선변제권

최우선변제권은 다른 채권자들보다 먼저 배당 받는 권리입니다. 보증금이 소액인 소액임차인들을 위해서 최우선으로 먼저 배당 받게 하는 권리입니다. 이때 소액의 기준은 무엇일까요? 소액임차인의 기준은 계속 변해 왔습니다. 처음 「주택임대차보호법」이 생겼을 때보다 지금은 물가도, 집값도, 전세가도 많이 올랐습니다. 시기별로 지역별로 소액에 대한 기준이 다릅니다.

주택임대차 소액보증금 범위 및 최우선변제금액

담보물권 설정일	지역	소액보증금 범위	최우선변제금액
1984.01.01 ~	서울특별시 및 직할시	300만원 이하	300만원
	기타지역	200만원 이하	200만원
1987.12.01~	서울특별시 및 직할시	500만원 이하	500만원
	기타지역	400만원 이하	400만원
1990.02.19 ~	서울특별시 및 직할시	2,000만원 이하	700만원
	기타지역	1,500만원 이하	500만원
1995.10.19 ~	서울특별시	3,000만원 이하	1,200만원
	수도권(과밀억제권역)	2,000만원 이하	800만원
2001.09.15~	서울특별시	4,000만원 이하	1,600만원
	수도권(과밀억제권역)	4,000만원 이하	1,600만원
	광역시	3,500만원 이하	1,400만원
	기타지역	3,000만원 이하	1,200만원
2008.08.21~	서울특별시	6,000만원 이하	2,000만원
	수도권(과밀억제권역)	6,000만원 이하	2,000만원

2008.08.21~	광역시	5,000만원 이하	1,700만원
	기타지역	4,000만원 이하	1,400만원
2010.07.26~	서울특별시	7,500만원 이하	2,500만원
	수도권(과밀억제권역)	6,500만원 이하	2,200만원
	광역시	5,500만원 이하	1,900만원
	기타지역	4,000만원 이하	1,400만원
2014.01.01~	서울특별시	9,500만원 이하	3,200만원
	수도권(과밀억제권역)	8,000만원 이하	2,700만원
	광역시(인천, 군지역 제외), 안산, 용인, 김포 ,경기도 광주	6,000만원 이하	2,000만원
	기타지역	4,500만원 이하	1,500만원
2016.03.31~	서울특별시	1억원 이하	3,400만원
	수도권(과밀억제권역)	8,000만원 이하	2,700만원
	광역시(인천, 군지역 제외), 안산, 용인, 김포 ,경기도 광주	6,000만원 이하	2,000만원
	세종시	6,000만원 이하	2,000만원
	그 밖의 지역	5,000만원 이하	1,700만원
2018.09.18~	서울특별시	1억 1,000만원 이하	3,700만원
	수도권(과밀억제권역)	1억원 이하	3,400만원
	광역시(인천, 군지역 제외), 안산, 김포, 경기도 광주, 파주	6,000만원 이하	2,000만원
	그 밖의 지역	5,000만원 이하	1,700만원
2021.05.04.~	서울특별시	1억 5,000만원 이하	5,000만원
	과밀억제권역 및 용인, 화성,세종,김포	1억 3,000만원 이하	4,300만원
	광역시 및 안산, 광주, 파주, 이천, 평택	7,000만원 이하	2,300만원
	그 밖의 지역	6,000만원 이하	2,000만원

기준 시점은 전입한 날짜가 아니라, 담보물건(근저당) 설정일자입니다. 최우선변제권에는 두 가지 필수요건이 있습니다.

첫 번째, 전입입니다. 최소한 경매가 시작되기 전에는 전입해야 합니다.

두 번째, 배당요구입니다. 최우선변제권을 가졌더라도 배당을 요구하지 않으면 배당받지 못합니다.

다가구주택에 최우선변제권을 가진 여러 임차인이 살고 있다면 어떨까요? 이들의 보증금을 모두 합하면 거의 낙찰가라서 정작 경매를 신청한 채권자가 받을 돈이 하나도 없을 수도 있습니다. 그래서 최우선변제권으로 배당되는 금액은 전체 낙찰가의 절반까지입니다. 만약 배당할 최우선변제금액이 낙찰가의 절반을 넘으면 그 이상 배당하지 않습니다.

우선변제권

우선변제권은 「주택임대차보호법」상 임차인이 보증금을 우선 변제받을 수 있는 권리를 말합니다. 임차인이 확정일자를 받은 경우 임차한 주택이 경매, 공매에 부쳐졌을 때 그 매각대금에서 다른 후순위 권리자보다 먼저 배당받을 수 있는 권리입니다. 등기상 접수일자 순서대로 배당을 받지요. 우선변제권을 가진 다른 채권자들이 접수일자별로 줄을 서는데 이때 임차인도 줄을 섭니다. 어떤 기준으로 줄을 서느냐고요? 전입과 확정일자 중 늦은 날짜 기준입니다. 일반적으로 전입하면서 확정일자를 받는데 그렇지 않은 경우도 있습니다. 먼저 전입한 뒤 확정일자를 늦게 받기도 하고, 때로는 확정일자가 빠르고 전입일자가 늦기도 합니다. 잠시 주소를 이전했다가 다시 이 집으로 이전하면, 나중에 전입한 날짜가 전입일자가 됩니다.

우선변제권은 세 가지 요건을 충족해야 합니다. 전입하고, 확정일자를 받고, 배당요구를 해야 합니다. 특히 대항력이 있으면서 우선변제권이 늦은 임차인은 주의해야 합니다. 전입은 빠른데 우선변제권이 늦어서 배당을 못 받게 되면 낙찰자가 보증금을 인수해야 하기 때문입니다. 전입이 말소기준권리보다 빠르면 대항력 있는 임차인이 되고, 대항력 있는 임차인은 낙찰자에게 대항하여 배당받지 못한 보증금을 요구할 수 있습니다. 낙찰자 입장에서 대항력 있는 임차인은 항상 조심해야 합니다.

주택임차권

주택임차권은 우선변제권을 대신하는 권리입니다. 임차인이 집주인에게 보증금을 돌려달라고 요청해도 집주인이 돈을 돌려주지 않을 때 주택임차권을 설정합니다. 직장이나 학교나 기타 이유로 당장 이사 가야 하는데, 집주인이 계약기간이 지나도록 보증금을 반환하지 않으면 임차인은 주택임차권을 설정할 수 있습니다. 주택임차권을 설정하면 다른 곳으로 주소를 이전해도 미리 받아 두었던 대항력이 유지됩니다. 임차인이 보증금을 받지 못한 채로 먼저 이사 간 뒤라, 주택임차권이 설정된 집에는 임차인이 살지 않는 경우가 많습니다. 최근에는 보증금을 돌려받지 못한 임차인들이 계속 살면서 임차권을 설정하기도 합니다.

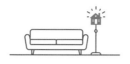

부모찬스로
집을 사는 아이들
(증여)

부모가 자녀에게 자산을 증여하는 이유

> "만 4세 유치원생이 아파트 2채를 4억원에 취득하고
> 만 12세 초등학생이 아파트 2채를 11억원에 취득했다."

"아들, 이런 뉴스를 들으면 어떤 기분이 들어? '무슨 어린애가 아파트야?' 혹은 '부모 잘 만났네. 부럽다' 둘 중 어느 쪽이야?"

"음… 어떻게 한 거지? 얼마가 필요할까? 우리 엄마도 저렇게 해주면 좋겠다!"

"엄마는 그렇게 안 할 거야. 뉴스에 나온 사람은 아마 돈이 엄청 많은 사람은 아닐걸. 갑부라면 아파트가 아닌 건물이나 토지를 증여했을 테니까. 속이 빤히 다 드러나는 아파트는 세무조사 대상이 되기 쉽거든."

요즘 부모들은 미성년 자녀에 대한 증여뿐 아니라, 자녀에게 부동산을 증여하는 과정과 세금에 대해 관심이 많습니다.

독자님은 어떤 집에 살고 계신가요? 전세를 살고 있다면, 보증금을 직접 마련하셨나요? 부모님의 도움을 받으셨나요? 이미 집을 가지고 있다면, 그 집을 살 때 부모님의 도움이 있었나요? 현실적으로 부모의 도움이 없이 젊은 자녀가 혼자 힘으로 집을 구하기 어려운 시기입니다. 전세자금대출을 받아 전셋집을 구하고, 주택담보대출을 이용해서 내 집 마련을 하긴 하지만, 모자라는 돈의 크기도 만만치 않기 때문이지요(물려받은 재산 없이 내 집을 가진 독자님께 큰 박수를 보냅니다).

6억원짜리 아파트를 사려면 4억원을 대출로 감당하더라도 내 돈이 2억원 있어야 합니다. 2억원은 연봉 3,000만원인 직장인이 한 푼도 안 쓰며 모아도 6년이 넘게 걸려야 모을 수 있는 큰돈입니다. 이 사실을 잘 알기에 최근에는 자녀에게 일찌감치 집을 마련해 주려는 부모가 많아졌습니다.

부모가 자녀에게 자산을 증여하는 또 다른 이유는 아파트 가격이 매우 가파르게 상승하기 때문입니다. 과거에는 부모가 열심히 돈을 저축했다가 자녀가 성인이 된 후 결혼할 때 도움을 주는 것이 일반적이었어요. "이 돈 보태서 결혼해라"라며 결혼할 때 집 사는 데 보탤 자금을 주곤 했지요. 제가 결혼하던 시절에는 신랑이 집을 마련하고, 신부가 혼수로 살림살이를 채우곤 했습니다(저도 시택에서 월세 보증금 2,000만원을 지원해 주셔서 월셋집을 마련했어요). 그러던 것이 10여년 전부터는 부부와 양가가 자금을 모아 내 집 마련을 하는 추세로 바뀌었습니다.

그런데 최근에는 사정이 달라졌습니다. '오신내전(오늘의 신고가가 내일의 전세가)'이란 말처럼 바로 오늘이 집값이 가장 저렴한 날이라고 할 정도로 아파트 가격이 오르는 속도가 빨라졌기 때문입니다. 그러니 자녀가 한 살이라도 어릴 때 자녀 명의로 집을 마련해주는 것이 가장 합리적인 선택일지도 모릅니다. 물론 여유가 된다면 말이지요.

자녀에게 집을 마련해 주는 몇 가지 방법을 소개합니다.

자녀에게 부동산을 증여하는 첫 번째 방법 – 현금+전세

가장 쉬운 방법은 처음부터 자녀 명의로 집을 취득하는 것입니다. 필요한 자금을 현금으로 증여하고 그 돈으로 집을 매입합니다. 어린 자녀가 이 집에 살지는 않을 테니 전세를 줘야겠지요? 현금으로 증여한 돈 + 임차인의 전세금이 주택매수자금입니다. 이때 세금 관련 문제가 발생합니다. 하나하나 살펴볼까요?

❶ 적법한 자금출처

현금을 증여할 때는 자금출처가 적법해야 합니다. 부모가 증여하는 자금의 출처가 명확하지 않으면 이로 인해 세무조사를 받을 수 있습니다.

타인으로부터 직간접적으로 도움을 받았는지, 만일 특수관계인으로부터 빌렸다면 적정한 것인지 증명합니다. 소명할 수 없는 상태인 직업이나 재산으로 봐도 취득이 불가능하다면 「상속세 및 증여세법」 제45조(재산취득자금 등의 증여추정)에 의해 증여세가 과세될 수 있습니다. 재산 취득자금의 출처를 따질 때는 납세자와 과세 관청 양쪽 다 증여세 과세 대상인지 여부를 판단하니 제대로 준비해야 합니다. 특히 어린 자녀에게 부동산 증여 시 자금출처를 제대로 준비하세요.

❷ 증여세 납부

현금으로 증여할 때 증여세를 납부해야 합니다. 가족에게 증여할 때도 공제액이 있습니다. 배우자에게 6억원까지, 자녀(성인)에게 5,000만원까지 증여 시에는 세금이 없습니다(현재 자녀에 대한 공제액을 1억원으로 상향조정하는 방안이 추진 중입니다).

증여자	공제금액	법인·4주택 이상
배우자	6억원	2007년 12월 31일 이전에는 3억원
직계존속	5,000만원	수증자가 미성년자인 경우에는 2,000만원
직계비속	5,000만원	–
기타 친족	1,000만원	–

증여는 자녀 나이와 상관없이 언제든지 가능합니다. 증여재산 공제는 증여 시점부터 10년 단위이므로 사전 증여가 빠를수록 절세 금액도 커집니다. 미성년 자녀는 10년간 2,000만원, 성년 자녀는 10년간 5,000만원까지 공제됩

니다. 예를 들어, 1세에 증여하면 1~10세까지 누적 2,000만원, 11~20세까지 누적 2,000만원, 21~30세까지 누적 5,000만원이 비과세입니다. 이렇게 기간을 나누어 증여하면 9,000만원까지 합법적으로 세금 없이 증여할 수 있습니다. 10년 단위로 부분 증여하는 똑똑한 부모도 점점 늘고 있어요.

공제액을 제외한 나머지 증여금액에 따라 다음과 같은 세율로 증여세를 냅니다. 자녀에게 1억 5,000만원을 증여하면 성인 자녀는 공제금액인 5,000만원을 제외한 1억원에 대해 10%의 세금을 냅니다. 미성년자의 경우 증여금액에서 2,000만원을 제외합니다.

과세표준	세율	누진공제
1억원 이하	10%	–
1억원 초과~5억원 이하	20%	1,000만원
5억원 초과~10억원 이하	30%	6,000만원
10억원 초과~30억원 이하	40%	1억 6,000만원
30억원 초과	50%	4억 6,000만원

❸ 부모의 주택과 합산

자녀 이름으로 집을 매입할 때 내는 취득세는 부모와 같은 가구로 보아 계산합니다. 일정소득 이하, 만 30세 미만의 미혼 자녀가 부동산 취득 시 부모와 같은 가구로 간주합니다. 2021년 현재 기준 2주택자의 취득세율은 8%, 3주택 이상은 12%입니다(서울 기준). 취득세를 내는 금액까지 포함하여 증여합니다. 미성년자 자녀는 부모와 한 가구로 봅니다. 이후 양도세 계산 시에는 하나의 가구로 계산됩니다.

예를 들어, 자녀 명의로 5억원짜리 아파트를 매입한다면, 여기에 드는 자금과 세금은 다음과 같습니다.

5억원 주택(전세 4억원 + 현금 1억원) + 취득세

5억원의 취득세는 3주택 기준일 때(지방교육세 포함 시 12.4%) 6,200만원이므로, 총증여액은 1억 6,200만원입니다(현금증여 1억원+ 취득세).

이때 증여세는 어떻게 될까요?

	적요	금액	비고
1	증여재산가액	1억 6,200만원	입력값
2	증여세과세가액	1억 6,200만원	증여재산가액 – 채무부담액 – 비과세액 등 + 가산액
3	증여재산공제	2,000만원	직계존속(미성년자) 공제액
4	과세표준	1억 4,200만원	증여세과세가액 – 증여공제 – 수수료 등
5	산출세액	1,840만원	5억원 이하 세율 20%, 누진공제 1,000만원
6	신고 세액공제액	55만 2,000원	자진신고하여 납부할 경우 3% 공제
7	증여세	1,784만원	최종 납부액(신고 세액공제 적용)

총증여액에서 공제액을 빼고 과세표준을 산출합니다. 세율은 20%이고, 세액공제 3%를 제외한 후 납부할 증여세는 약 1,785만원입니다. 이렇게 세금을 내고 자녀 명의로 집을 미리 사 두는 부모들로 인해 2021년 1~5월 기준으로 10대가 서울에서 보증금 승계와 임대목적으로 주택을 구매한 사례는 69건입니다. 아직 그 숫자가 많지는 않지만 점차 늘어날 것으로 예상합니다.

자녀에게 부동산을 증여하는 두 번째 방법 – 부동산 증여

"아들에게 아파트를 증여하려고 하는데 증여세가 얼마나 될까요?"
"종부세 때문에 아이에게 부동산을 증여하는 것이 맞을까요?"

2021년 아파트·주택·상가 등 부동산 증여 거래 건수가 사상 최고치를 기록했습니다. 역대급 종합부동산세가 그 원인이었습니다. 다주택자일 경우 수천만원에서 수억원까지 종부세가 부과되었기 때문이지요. 양도세 부담 때문에 집을 팔 수도 없으니, 종부세가 부담되는 다주택자라면 자녀에게 증여하거나 매매하는 편이 나을 수 있습니다. 종부세는 가구당이 아닌 개인별로 부과되므로 가족 간이라도 명의를 분산하면 유리합니다. 2021년 6월 기준 전국 아파트 증여 건수는 8,040건이었습니다.

다주택자 O씨: "종부세가 부담되기도 하고, 나중에 집값이 더 오르면 세금이 더 나올 것 같아서 15세 자녀에게 아파트를 증여하려고 합니다. 증여세 신고기준은 실거래가인가요, 공시지가인가요? 증여세는 몇 프로인가요? 이 집에서 월세를 받고 있는데 그럴 경우 부담부 증여를 어떻게 해야 하나요?"

증여세 신고 기준은 '시가'입니다. 시가를 알 수 없을 때는 '기준시가(공시가격)'를 대신 활용할 수 있습니다. 이때 시가는 유사한 주택의 매매가격인데, 유사매매가액이 없고 감정도 받지 않았다면 공시가격으로 신고하면 됩니다. 유사매매가액으로 인정되는 거래는 같은 단지 안에 있으면서 면적 차이와 공시가격 차이가 모두 5% 이내인 주택 거래입니다. 유사매매가격을 살펴보는 기간은 증여일 전 6개월과 이후 3개월입니다.

일반적으로 공시가가 실거래가보다 낮습니다. 때문에 일반 아파트를 공시가로 신고한다면 조심해야 합니다. 공시가격으로 증여세를 신고했으나 증여 전 6개월과 증여 후 신고 전까지 기간에 더 높은 유사매매가액이 과세당국에 확인되면, 수정 신고를 하고 덜 낸 증여세를 추가로 납부해야 하니까요.

임차인의 보증금이 있는 집을 증여하는 것은 부담부증여입니다. 부모가 세입자에게 빚진 것을 자녀에게 넘기기에 양도세를 내야 합니다. 전세나 대출의 부채 부분은 유상 승계 취득에 해당하기 때문에 증여 취득자가 무주택자라면 1~3% 취득세를 적용받습니다. 다주택자의 취득세보다 낮아 취득세 부담이 줄어듭니다. 자녀가 주택을 5년 후 매도하면 이월과세를 적용받지 않아 양도세가 줄어드는 효과도 있습니다. 다만, 자녀가 이때 자신이 번 돈으로 전세금을 반환했다는 증거가 필요합니다.

다주택자 P씨: "나중에 집값이 얼마나 오를지 몰라서 미리 증여하려다가 그만두었어요. 집값이 이미 올랐다면 우리나라에서는 상속세가 그나마 가장 간단하고 금액도 적어요. 많이 알아보다가 그냥 제가 종부세 내면서 버티기로 했습니다. 세금을 해마다 100만원씩 내도 10년 동안 내봐야 1,000만원이잖아요. 법이 앞으로 또 어떻게 바뀔지 모르고, 지금은 서울이 투기지역이어도 나중에 조정지역, 비투기지역으로 바뀌면 양도세가 줄어드니까요. 전세금이

해마다 오르니까 나중에 보면 매수가격보다 전세가격이 비싼 경우가 많아요. 물론 몇 년 전에 산 것이긴 하지만요."

증여하는 대신 보유세를 내며 정책이 바뀌기를 기다리는 사람도 있습니다. 적당한 타이밍이 되면 양도할 수 있을 것으로 여기면서 때를 기다리는 것이지요.

(성인) 자녀에게 부동산을 증여하는 방법 - 매매

일반 매매거래를 하게 되면 매매계약서를 작성하고, 쌍방 간에 그 매매금액을 정합니다. 그런데 우리나라 세법에선 부모와 자식 간의 거래에서 그 금액을 어떻게 정하느냐에 대해서도 규정하고 있습니다. 부모와 자식 간의 거래이다 보니, 아무래도 부모가 자식에게 싸게 주려고 하기 때문이지요. 부모는 자녀에게 저렴하게 팔아 양도세를 줄이고, 자녀는 저렴하게 사서 시세차익을 보려고 하겠지요?

A씨: 아버지로부터 2억 6,000만원 상당의 아파트(면적 83.58m²)를 매수했다며 이전등기했다. 매매대금 중 9,000만원은 이 아파트를 분양받을 당시에 분양대금으로 자신이 납부했는데, 해외에서 근무하며 모은 돈으로 납부했다고 한다. 나머지 1억 7,000만원은 아파트의 담보대출금 1억 4,800만원과 자신의 자금 2,200만원을 합쳐 아버지의 계좌에 입금했다고 A씨는 말했다. 그런데

국세청은 이를 직계존비속 간 매매를 가장한 증여로 보인다며 약 4,000만원의 증여세를 부과했다. 분양대금으로 납입했다는 돈에 대한 증빙이 전혀 없고, 나머지 금액도 계좌에서 모두 인출되었는데 그 사용처가 확인되지 않았기 때문이다.

이러한 특수관계자 간 거래, 부모와 자식 간에 거래하는 경우에는 시장가격, 시가 기준으로 5%까지만 금액을 낮춰서 거래할 수 있습니다. 시가 12억원으로 거래되는 주택이라면 5% 낮은 11억 4,000만원까지만 거래를 인정해줍니다. 자녀가 기준금액보다 낮게 매수하게 되면 증여로 보아 세무상 문제가 발생할 수도 있습니다. 11억 4,000만원의 매수금액은 자녀가 준비해야 합니다. 이때 자금조달을 어떻게 했는지에 대한 증빙이 필요합니다. 증빙이 되지 않으면 세무적으로 증여로 볼 것입니다.

세법에서는 가족 간 거래는 증여로 추정합니다. 이는 「상속세 및 증여세법」 제44조(배우자 등에게 양도한 재산의 증여 추정)에 근거합니다. 증여추정이란 만약 납세자가 매매거래임을 입증하지 못하면 증여로 보겠다는 것입니다. 가족 간 부동산 매매 때 증여세를 물지 않기 위해선 실제로 매매거래임을 입증할 수 있도록 단단히 준비해야 합니다. 말 그대로 추정은 추정입니다. 실제 매매거래라는 것을 입증하면 매매로 인정받을 수 있습니다.

증여 시 '적정한 가격으로 거래했는가'!

「상속세 및 증여세법」 제35조(저가양수 또는 고가양도에 따른 이익의 증여)에 따르면 특수관계자 간 거래에서 시가와 거래가액의 차액이 시가의 30%와 3억원 중 적은 금액 이상 차이가 난다면 그 이상 차이 나는 금액은 증여재산가액이 됩니다. 반대로 그 이상 차이가 나지 않는다면 증여세 과세는 없는 것으로 봐도 무방합니다.

'자금 거래'가 있는가!

실제 자금 거래가 없었다면 「상속세 및 증여세법」 제44조에 해당하여 증여세 과세대상이 됩니다. 그러니 꼭 통장으로 거래내역을 남기세요.

양도소득세를 검토했는가!

양도소득세는 특수관계자 간 매매거래에서 시가와 거래가액의 차액이 시가의 5%가 넘게 차이 난다면 조세부담을 부당하게 감소시켰다고 봅니다. 이때 그 거래가액을 부인하고 시가로 계산하는 「양도소득세법」 제101조(부당행위 계산)가 적용되어 양도소득세가 추가로 고지될 수 있습니다. 단, 「양도소득세법」 적용과 마찬가지로 양도하는 부모가 1세대 1주택 비과세 대상이라면 그 시가로 계산한 양도가액 9억원까지 비과세가 가능합니다.]

부모·자식 간에 부동산 매매거래를 할 때!

「상속세 및 증여세법」 제35조, 제44조, 제45조 3단계를 차례로 적용 검토한 후 「양도소득세」 제101조까지 적정한지 검토해야 합니다.

자녀에게 부동산을 물려주자는 이야기가 아닙니다. 이 책의 초반에 이야기했듯이 저는 아이들에게 부동산을 증여할 생각이 없습니다. 본인의 힘으로 스스로 자산을 일구기를 바라니까요. 저는 아이들에게 고기를 잡아주기보다 고기 잡는 방법을 가르쳐주고 싶습니다. 이제 막 사회생활을 시작하는 2030세대도 얼마든지 종잣돈을 모아 시작할 수 있습니다.

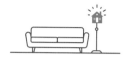

증여 외
알아두어야 할 상속

상속의 추억

"궁금한 게 있어요. 엄마는 결혼할 때 월세부터 시작하셨다고 했잖아요."

"그렇지."

"결혼은 가진 것 없이 시작했지만, 외할아버지가 돌아가실 때 상속받으신 거 아니에요? 할아버지는 사업하셨다고 들었어요."

"그래, 그랬지. 할아버지 장례를 끝내고 집에 돌아온 날, 엄마의 새엄마가 우리 삼 남매를 불렀어. 그러고는 할아버지가 남긴 빚이 많은데, 본인이 다 정리하겠다면서 어떤 서류에 사인하라고 했단다. 엄마는 그때 스물아홉 살이 었는데도 그 서류가 뭔지 몰랐어."

"그 서류가 뭐였는데요?"

"나중에 알고 보니 모든 재산을 새엄마가 가지는 것에 동의한다는 서류였단다."

"그런 서류가 있어요? 그 서류에 사인하고 나서 어떻게 됐어요?"

"당시 그 집에서 살고 있던 이모와 삼촌은 바로 쫓겨났어. 새엄마는 모든 재산을 가지고 떠나버렸지."

"이런, 어떻게 그런 일이 있을 수 있어요? 소송이라도 해야 하는 것 아니에요?"

"그러게 말이야. 법은 자신의 권리를 지키지 않는 사람은 지켜주지 않아. 나중에 삼촌이 소송하겠다고 했는데, 엄마가 반대했어."

"왜요? 억울하잖아요."

"당시 할아버지의 재산이 얼마였는지, 빚이 얼마였는지도 모르는 상태였어. 그러니 재산을 무슨 수로 찾겠어. 엄마는 지금도 과거를 돌이키기 위해 애쓸 시간에 앞으로 나아가는 편이 낫다고 생각해."

"엄마 말씀이 맞는 것 같기도 해요. 그래도 너무 억울하네요. 법을 모르면 이런 일을 당하는군요."

"맞아, 경매에 나오는 물건 중에 상속으로 인한 것도 많아. 홀아버지가 자녀들을 키우는 가정인데, 아버지가 세상을 떠난 뒤 비슷한 연배의 여자가 압류를 걸어 경매로 넘어간 물건도 있었어. 그 집 어린 자녀들은 명도를 당할 수밖에 없었지. 법이 그러니까."

"엄마랑 비슷한 경우네요. 그런 물건의 명도는 어떻게 해요?"

"엄마는 그런 물건은 안 해. 법의 보호를 받지 못하는 약자들이 사는 집은 피하는 게 좋아. 맘 불편하잖아."

"상속이라는 게 이렇게 가까이 있는 일이었군요. 엄마는 제발 오래오래 살아주세요."

상속 순위와 비율

세상을 떠나며 유산을 남기는 사람을 피상속인이라고 하고, 유산을 받는 사람을 상속인이라고 해요.

상속인의 상속 순위는 아래와 같습니다.

> 1순위: 직계비속 – 배우자와 자식
> 2순위 직계존속 – 부모
> 3순위: 형제자매
> 4순위: 4촌 이내의 방계혈족

유산을 상속할 때 상속인이 많으면 분할하여 상속합니다. 상속분할에서는 당사자 간의 협의가 중요해요. 상속인들이 전원 합의한다면 어떤 비율도 유효합니다. 보통은 법정 상속분으로 상속하는 것이 합리적이지요. 자녀들은 공정하게 1:1 비율이고 배우자는 1.5입니다. 예를 들어 아내와 두 자녀가 상속할 때 3/7, 2/7, 2/7의 비율로 상속할 권리를 갖습니다.

상속 받은 주택의 가액은 상속개시 당시의 시가이고, 평가기간은 상속개시일 전후 6개월간입니다. 상속개시일로부터 10년 전에 증여한 재산가액을 가산하여 평가합니다. 예를 들어 아버지가 9년 전에 주택을 증여했는데, 오늘 사망했다면 상속재산가액에 가산됩니다.

배우자는 최대 30억원까지 공제 받을 수 있어요. 성인 자녀는 1인당 5,000만원, 미성년 자녀는 1,000만원×19세가 될 때까지 연수만큼 공제 받습니다. 상속세는 상속개시일이 속하는 달의 말일부터 6개월 이내에 납부해야 합니다.

돈이 별로 없는데
부동산 투자를 할 수 있을까요?

＼ '／ 돈이 많든 적든 언제나 부족하게 느껴지는 종잣돈

　돈이 별로 없다는 것이 얼마를 말하는 것일까요? 개인마다 돈의 가치가 다릅니다. 어떤 사람에게는 1,000만원이 큰돈이지만, 어떤 사람에게는 1억원도 적은 돈입니다. 이 책에서 아들은 700만원으로 부동산 투자를 시작했는데 더 적은 돈으로 시작하는 사람들도 많습니다. 추천하는 것은 아니지만, 저는 마이너스대출을 이용해서 부동산 투자를 시작했습니다.

　시작할 때 지닌 자금이 얼마든, 독자님은 그 금액이 아마 적다고 느끼실 거예요. 모을 수 있는 금액보다 더 높은 수준의 부동산이 마음에 들 테니까요. 저는 1,000만원으로 부동산 투자를 시작할 수 있다는 것을 알려드리기 위해 이 책을 집필했습니다. 부동산 하락기에는 더 적은 금액으로도 가능합니다. 하락기에는 대출이 순조롭기 때문이지요. 대출과 임차인의 보증금을 합하면 오히려 돈을 거슬러 받는 플러스피 투자도 가능합니다.

　하지만 돈이 없으면 몸과 마음이 고생스럽긴 합니다. 페인트칠 등 인테리어를 직접 하는 것은 물론, 최대한 비용을 줄이기 위해 몸으로 때워야 하는 일들이 많지요. 마음도 고생스럽습니다. 제때 잔금을 납부하지 못하면 입찰 보증금을 잃을 수도 있거든요. 또, 임차인이 조금이라도 늦게 임대를 들어오면 그 사이에 대출이자를 감당해야 하니 마음이 괴롭습니다. 매도하려는 물건이 원하는 시기에 팔리지 않으면 자금계획이 어그러지기도 하지요.

돈이 많으면 투자할 때 여유로울 것 같았는데, 그렇지도 않더군요. 투자하고 싶은 물건의 크기는 점점 더 커지고, 그에 따라 모자라는 금액의 크기도 더 커집니다. 예전에는 '5,000만원만 있었으면' 했는데, 지금은 5억원이 아쉽습니다. 돈이란 건 가져도 가져도 부족한 존재입니다.

､ᐟ､ 대출 레버리지도 하나의 방법

가진 돈의 한계 내에서 부동산 투자를 시작하세요. 내가 들어가서 살 집이 아니라면 최대한 은행대출을 이용하여 레버리지를 일으키세요. 임차인의 보증금을 레버리지로 이용하는 것도 좋습니다. 남의 돈을 적극적으로 이용하되 부동산 시장이 하락장으로 접어들거나 역전세가 일어날 것에 대비하세요. 안 좋은 시기에 원하지 않는 나쁜 집주인이 되지 않도록 주의하세요. 돈 없이 부동산 투자를 하는 일은 쉽지 않습니다. 하지만 저처럼 그리고 아들처럼 얼마든지 부동산 투자를 할 수 있습니다.

경매는 부동산 아웃렛

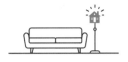

입찰보증금
284만원

반지하라고 하면 영화 〈기생충〉만 생각나요

"가까운 곳에 저렴한 빌라가 나왔어. 같이 보러 갈까?"
"현장답사 말이죠? 좋아요."

경기도 광주 초월읍에 물건이 나와서 아들과 함께 가보기로 합니다. 이 지역은 제가 워낙 잘 아는 지역입니다. 공장들이 많은 동네라 아파트 밀집지역만큼 쾌적하지는 않지만, 지하철에서 차량으로 5분 정도 걸리는 곳입니다. 공장과 물류센터에서 일하는 분들이 살기 좋은 곳이죠. 감정가 5,800만원에 2회 유찰해서 최저가 2,840만원으로 진행하는 물건이라 무엇보다 가격이 무척이나 저렴했습니다. 전용 54m²로 전용 15평 정도인데 꽤 넓은 거실과 부엌이 있으면서 방 2개인 물건이 고작 3,000만원도 안 하니까요.

아들과 함께 물건지에 도착합니다. 주도로에서 한참 들어가는 골목 안 허름한 빌라입니다. 반지하이지만 바로 앞이 골목이라 건물로 막혀 있지 않아, 오후 늦은 시간인데도 창문에 해가 비치고 있습니다. 따뜻한 봄이어서인지 창문이 활짝 열려 있습니다. 커튼이 쳐져 있어서 실내를 자세히 볼 수는 없지만, 한눈에 봐도 꽤 널찍합니다.

"아들, 이 집 어때?"

"뭐가요? 반지하는 잘 모르겠어요. 비 와서 물이 들어차면 어쩌죠? 영화 〈기생충〉만 생각나요."

"엄마는 맘에 드는데?"

"왜요? 싸서?"

"물론 가격도 무척 맘에 들어. 그런데 여기 싹 수리해서 전세 놓으면 7,000만원은 거뜬히 받을 수 있어. 잘하면 1억도 넘을지 몰라."

"정말요? 그런데 왜 유찰되었을까요? 아무도 입찰하지 않았잖아요. 집에 별로여서 그런 것 아닐까요?"

"그냥 이대로는 별로 정도가 아니지. 봤잖아. 얼른 보기에도 더럽고, 창문도 깨져 있고."

"그러니까요. 이 집에는 아무도 살려고 하지 않을 거 같아요. 나도 살기 싫은데…."

"나도 그래. 다들 말끔한 새 아파트에 살고 싶어 하지. 하지만 가진 돈이 없으면 아파트에 살 수 없어. 집값 장난 아닌 거 알지? 집값뿐 아니라 전세가도 계속 오르고 있거든. 최근 경기도 반지하도 1억 이하로는 전세가 없어. 돈이 없으면 반지하에서라도 살아야 해."

"하, 전세도 그렇게 비싸군요. 전세 사는 것만도 대단하네요."

"돈 없으면 더러운 집이라도 살아야지. 어쩔 수 없잖아. 이렇게 더러운 집은 돈이 정말 없는 사람이 겨우 들어오겠지? 누구든 깨끗한 집을 원하니까. 반대로 보면, 깨끗한 집이라면 다들 들어오고 싶어 할 거야. 더 높은 가격을 지불하더라도 말이지. 그러니 인테리어는 필수야. 1억짜리 전세 중에서 최고 수준으로 만들면 임차인은 이 집을 선택할 거야."

"반지하는 영화 〈기생충〉 이미지만 떠올라서…. 반지하도 좋은 집이 될 수 있는지 몰랐어요. 전 아직 상상이 안 가요. 그렇지만 제가 가진 돈으로 할 수 있는 물건이어서 좋아요."

"좋아, 인테리어비를 줄이려면 직접 해야 할 것도 많을 텐데 괜찮겠어?"

"그럼요! 앞으로 부동산 투자를 계속할 건데 지금 배워두면 좋을 것 같아요. 엄마, 나 이 물건에 입찰할래요."

비싼 자전거 한 대 값 = 빌라 한 채 입찰가

아들은 한번 입찰한 경험이 있어서인지 왠지 여유로워 보입니다. 은행에서 입찰가의 10%인 284만원을 수표 한 장으로 인출하고, 일찌감치 법원으로 향합니다.

"284만원으로 빌라에 입찰할 수 있다는 게 신기해요. 비싼 자전거 한 대 가격도 안 되잖아요."

"서울 아파트에 비하면 말도 안 되게 저렴하지. 그렇지만 서울 아파트처럼 가격이 오를 거라는 기대는 안 하는 게 좋아. 재개발 호재가 있다면 모를까. 빌라는 시세차익을 낼 수 있는 물건은 아니거든. 현재 전세가보다 저렴하게 낙찰 받아서 현재 매매가에 판다는 마음으로 하는 거야."

"그렇군요. 그러면 팔 때 어느 정도나 될까요?"

"인근에 수리 안 한 반지하도 매매가가 8,000만원에서 9,000만원 정도 하더라고. 수리 후 1억이면 적정가격일 거야."

"그러면 얼마에 입찰하죠? 3,000만원에 해도 될까요?"

"3,000만원에 낙찰 받아서 1억에 매도하면 완전 대박이지. 그런데 경쟁자들도 고려해야지."

"누가 얼마를 쓸지 어떻게 알 수 있어요?"

"그건 알 수 없어. 우리는 수리 후 1억에 매도한다는 가정하에 입찰가를 고민해보자."

성남법원의 주차장은 늘 만차입니다. 길 건너 유료주차장에 주차하고 법원으로 올라갑니다.

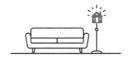

값싼 자가
VS
비싼 전세

집 없는 사람들이 사는 곳

"그런데 이상해요. 사람들은 왜 비싼 전세로 살까요? 그냥 저처럼 낙찰 받아서 수리해서 살면 되잖아요."

"보통 사람들은 내 집을 사는 일을 평생에 한 번 있는 큰일처럼 여기거든. '내 집' 하면 드라마에 나오는 아름다운 거실을 상상하기 때문일지도 몰라. 집 없는 사람들은 다들 어디에 살고 있는지 한번 이야기해 볼까?"

여러분은 어디에 살고 계신가요?

보통 처음엔 부모님 집에서 시작합니다. 막 세대를 이룬 신혼부부는 집이 반드시 필요합니다. 그래서 신혼부부를 위한 대출도 있고 특별분양도 있어요. 부부는 자녀를 낳아 한집에서 살기 위해 보금자리를 마련하지요. 부모는 아이들을 조금이라도 좋은 환경에서 기르려고 이사도 마다하지 않습니다.

대한민국 아파트의 평균 크기, 즉 국민평형은 25평형(59m²), 32평형(84m²)이에요. 한 가족 4명을 기본으로 보아 방 3개, 화장실 2개로 이루어져 있지요. 아이들이 셋인 우리 집에는 국민평형이 좁아요. 우리 집뿐 아니라, 코로나19 팬데믹 이후 가족들이 집에 있는 시간이 길어지면서 공간부족을 호소하는 사람들이 많아졌습니다. 최근에는 1인 가족을 위한 소형주택이 많아졌어요.

여러분은 처음에 어떻게 독립하셨나요?

주로 학교 때문에, 혹은 직장 때문에, 대부분은 결혼하면서 독립하게 됩니다. 최근에는 특별한 이유 없이 "저는 독립하겠습니다"라고 하는 젊은 분들이 많이 계세요. 저는 이런 분들에게 축하와 함께 박수를 쳐 드립니다. 적당한 때가 되면 각자의 자리에서 살아도 좋습니다. 가족이라고 꼭 붙어 살 필요는 없어요.

지금은 아이들이 어리더라도 자라면 독립할 것입니다(부모가 없는 보육원 아이들은 만 18세가 되면 보육원을 떠나야 합니다. 나라에서 전세지원금이 나오는데 이 돈으로 홀로서기를 시작해야 하지요). 처음 독립할 때는 정부에서 제공하는 임대주택을 이용할 수 있습니다. 대학교 공공기숙사의 경우 위치가 좋지는 않지만 그래도 나름 저렴합니다. 나라에서 제공하는 여러 종류의 공공임대주택 정보는 마이홈 홈페이지에서 제공합니다. 여기에서 임대주택 유형을 확인하고, 어떤 임대주택을 선택하면 좋을지 알 수 있습니다.

○ 공공임대주택 유형별 특징

구분		통합공공임대	영구임대	국민임대	장기전세	공공임대 (5년/10년/분납)	행복주택
① 임대기간		30년	50년	30년	20년	5년/10년	30년 (입주계층에 따라 거주기간 상이)
② 공급조건		보증금+임대료 (시세 35~90%수준)	보증금+임대료 (시세 30%수준)	보증금+임대료 (시세 60~80%수준)	전세금 (시세 80%수준)	보증금+임대료 (시세 90%수준)	보증금+임대료 (시세 60~80%수준)
③ 공급규모		85㎡이하	40㎡이하	85㎡이하 (통상 60㎡이하)	85㎡이하 (통상 60㎡이하)	85㎡이하	60㎡이하
④ 공급대상		무주택세대구성원/무주택자	생계급여 또는 의료급여 수급자 등[소득 1분위]	무주택세대구성원 [소득 2~4분위]	무주택세대구성원 [소득 3~4분위]	무주택세대구성원 [소득 3~5분위]	무주택세대구성원/ 무주택자 [소득 2~5분위]
⑤ 자산 기준	적용대상	모든공급유형(단, 우선공급 중 일부 적용 제외)	-	모든공급유형	모든공급유형	모든공급유형 [단,기타특별 제외]	모든공급유형
	금액기준	총자산: 32,500만원이하('22) 자동차: 3,557만원이하('22)	-	총자산: 32,500만 원이하 자동차: 3,557만원 이하	부동산: 21,550만 원이하 자동차: 3,557만원 이하	부동산: 21,550만원이하 자동차: 3,557만원이하	총자산: 32,500만원이하 자동차: 3,557만원이하

공공기숙사

부족한 대학생의 거주시설을 위해 건설한 원룸 형 기숙사 및
매입한 다가구주택을 대학생에게 저렴하게 공급하는
임대주택으로 학생들의 안전한 생활을 지원하는 사업입니다.

임대기간 2년(입주자격 유지 시, 1회 재계약 가능)
주거형태 기숙사형, 다가구형, 그룹형
임대조건 보증금+임대료

행복기숙사 바로가기   희망하우징 바로가기

○ 주택유형

● 모집 주택유형

구 분	행복기숙사 (한국사학진흥재단)		희망하우징 (서울주택도시공사)	
주거형태	공공기숙사형	1인실	다가구형	1인1실 (호당 2~3실)
		2인실	원룸형	1인1실 (호당 1실)
		4인실	공공기숙사형	1인실 또는 2인실

출처: 마이홈

공공임대주택의 입주 기준은 대부분 소득입니다. 정부에서 제공하는 공공
임대주택에 거주 가능한 기간은 30년입니다. 그런데 30년 동안 여기에서 살

고 나오면 그 이후에는 어떻게 될까요? 집값은 계속 오르고 아이는 나이를 먹겠지요. 임대주택에서 나온 이후로는 갈 곳이 없습니다. 30년이 지난 후 내 집을 마련할 수 있을까요? 그대로 가난의 굴레에서 벗어나지 못할 가능성이 큽니다. 정부의 임대주택은 잠시 머무는 곳이지, 아예 눌러앉으면 안 됩니다. 시간을 버는 공간으로만 이용하세요. 임대주택에 머물 수 있는 기준을 충족하기 위해서 가난에 발목 잡히면 절대 안 됩니다. 반드시 내 집을 마련해야 합니다.

아이가 공공임대주택이 아닌 그냥 전세나 월세로 독립할 수도 있습니다. 독자님도 전세나 월세로 살고 계실 수도 있을 거예요. 월세는 높지 않은 수준의 보증금을 내고 매달 일정한 금액을 사용료로 내는 구조입니다. 보통 월세 보증금은 1,000만~5,000만원 정도입니다. 최근에는 반전세도 많습니다. 일반적인 월세 보증금이 1,000만원대라면, 반전세는 보증금을 높이고 월세를 적게 내는 방식입니다(최근 전세에서 반전세로 전환하는 경우가 많습니다. 전세가를 올려야 하는데 매매가와 차이가 많다 보니, 임대인과 임차인 모두 일부 금액을 월세로 내는 것에 합의하는 것이지요).

전세는 집주인에게 목돈을 맡기고 나중에 이사 나갈 때 목돈을 그대로 돌려받는 방식입니다. 임차인 입장에서는 일반적으로 월세보다 전세가 훨씬 유리합니다. 매달 내야 되는 돈이 없기 때문이죠. 하지만, 22년 현재 전세대출 금리가 4%를 넘어서면서 전세대출에 대한 이자를 내는 것보다 월세가 더 저렴한 상황이 되기도 했습니다. 목돈은 없지만 매달 꾸준히 수입이 있는 젊은 직장인은 대부분 월세로 살아갑니다.

중기청전세대출(중소기업 취업 청년대출) 등 이율이 낮은 전세대출을 이용하면 월세보다 저렴한 비용으로 거주할 수 있으니 적극적으로 알아보세요.

집을 사지 않고 전세로 사는 이유

임차인에서 월세를 받는 집주인으로 한번 입장을 바꿔볼까요?

집주인은 어떻게 집을 사서 임대를 놓을까요? 보통 자신의 종잣돈과 은행의 대출을 이용하여 집을 삽니다. 전세나 월세로 임차인을 들이면 임차인에게 보증금을 받아 일부 혹은 전체 투자금을 회수합니다. 집주인은 매달 임차인에게 월세를 받아서, 은행에 이자를 내고 남는 임대수익을 갖습니다. 투자금이 많이 드는 원룸 건물은 여러 채의 원룸에서 월세를 받습니다. 건물이 자금규모가 어느 규도 이상 되어야 시도할 수 있는 물건이라 엄두가 안 난다면 빌라나 오피스텔은 어떨까요? 크기는 작지만, 방법은 같습니다. 경매를 이용하면 시세보다 저렴하게 낙찰 받을 수 있습니다. 인테리어를 깔끔하게 하면 낙찰가보다 더 높은 가격으로 전세나 월세를 놓을 수 있지요. 임차인들이 한눈에 반할 만큼 예쁘게 꾸미면 임대가 더 잘 나갑니다.

"아, 제가 이번에 하려는 게 바로 이 방법이군요. 이런 방법이 있는데 왜 사람들은 집을 사지 않고 전세로 들어올까요?"

"부동산은 위험하다면서 그냥 이대로 살겠다는 사람도 있고, 내 집 마련을 하려는 마음은 있는데 방법을 모르는 사람도 많을 거야. 집을 사려면 돈이 아주 많이 필요하다고 오해하는 거지. 기왕 살 첫 집은 새 아파트로 하고 싶다고 기대하는 사람도 있을 거고. 어찌 됐든 그런 사람들 덕에 부동산 투자에 적극적인 우리 같은 투자자들이 임대수익과 시세차익을 얻을 수 있는 거지."

"제 친구들에게도 알려줘야겠어요. 집 사기를 포기하지 말라고요. 어딘가에서 먹고 입고 자야 한다면, 남의 집이 아니라 기왕이면 내 집에서 하는 것이 낫잖아요."

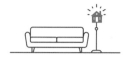

4,100만원에
빌라를 낙찰 받았습니다

아들의 두 번째 입찰

법정 앞에 있는 집행관사무원에게 입찰봉투와 기일입찰표, 보증금 봉투를
받습니다. 다음으로 입찰가를 쓰는데, 얼마로 쓸지가 늘 마지막까지 고민스
럽습니다.

"얼마 쓸래?"

"이전 최저가를 넘겨서 쓸까요? 그럼 너무 비싼 것 아닌가?"

"수리하면 전세 7,000만원은 거뜬할 것 같거든. 지금 최저가가 3,000만원
이 안 되니까."

"가격을 얼마로 써야 낙찰이 될까요? 저 이번에 꼭 낙찰 받을 거예요."

"몇 명 들어올 것 같긴 해. 집이 낡아서 비싼 가격으로 입찰하진 않을 거야."

"그럼 지난 최저가로 쓸까봐요."

"그 정도면 안전할 것 같아. 좀 더 안전하게 지난 최저가를 살짝 넘기는 금액으로 갈까?"

"좋아요."

"그런데 한 가지 알아둘 게 있어. 낙찰을 받았는데, 어쩌면 2등이 쓴 낙찰가와 차이가 많이 날지도 몰라. 네가 4,100만원을 썼는데 2등이 3,000만원을 썼다는 걸 알면 속이 엄청 쓰리거든. '굳이 높은 가격을 쓰지 않고 3,100만원만 써도 낙찰 받을 수 있었는데!' 하는 마음이 들 수 있다는 거지."

"괜찮아요. 2등 가격에 연연하지 않을래요."

아들이 미리 프린트해 둔 기일입찰표에 입찰가격을 정성스레 적어 입찰함에 넣습니다. 부동산이 호황일 때는 매매가 잘되기 때문에 경매물건이 줄어듭니다. 그래도 법원에는 늘 사람이 많습니다. 경매법정 뒤편에 자리를 잡으면 곧 개찰이 시작됩니다. 본격적으로 개찰하기 전에 당일에 입찰하지 않는 물건을 호명합니다. 변경된 물건이 불리는 법인데, 아들의 물건도 불립니다.

"성남지원은 사회적 거리두기를 위해 오전과 오후로 나누어 입찰을 진행합니다. 해당 물건은 오후에 경매를 진행하니 오후에 오세요."

집행관이 이렇게 안내하며 보증금을 돌려줍니다.

"어쩌지? 우리가 입찰할 물건은 오후에 시작하네."

"엄마, 나 아르바이트 가야 하는데. 오전만 뺐거든요. 엄마가 대신 입찰해 주실 수 있어요?"

"그러자. 대리인도 입찰할 수 있으니까. 그러려면 인감증명서가 있어야 해."

"인감증명서? 그건 뭐예요? 어디에 있는데요?"

"넌 아직 인감도장도 없지? 지금 쓰는 건 고등학교 때 만든 목도장이잖아."

부동산은 아직 아날로그 세상입니다. 종이서류에 도장을 찍어야만 합니다.

법원 앞 도장 집에서 인감도장부터 만듭니다. 인감도장을 주민센터에 등록하려면, 주소지의 주민센터에서만 가능합니다. 바쁘게 차를 달려 주소지 주민센터에서 인감을 등록하고 생애 처음으로 인감증명서를 발급받습니다. 저렴한 이 물건의 입찰에는 8명이 도전했고, 하루 사이에 법원을 두 번 들락거린 보람이 있어 4,000만원이 조금 넘는 금액으로 낙찰을 받았습니다.

수원지방법원 성남지원,	대법원바로가기	법원안내			가로보기	세로보기	세로보기(2)
2020 타경 ▨▨▨ (임의)		매각기일 : 2021-▨▨-▨ ▨:▨				경매8계 031-737-1333	
소재지	(12733) 경기도 광주시 ▨▨▨ ▨▨▨-▨, ▨▨▨▨▨ [도로명] 경기도 광주시 ▨▨▨▨▨▨						
용도	다세대(빌라)	채권자	서○○○○○○○○○		감정가		58,000,000원
대지권	25.4㎡ (7.68평)	채무자	강○○		최저가		(49%) 28,420,000원
전용면적	54.46㎡ (16.47평)	소유자	강○○		보증금		(10%) 2,842,000원
사건접수	2020-05-15	매각대상	토지/건물일괄매각		청구금액		6,182,837원
입찰방법	기일입찰	배당종기일	2020-07-27		개시결정		2020-05-18

기일현황, ▼간편보기

회차	매각기일	최저매각금액	결과
신건	2021-03-29	58,000,000원	유찰
2차	2021-05-03	40,600,000원	유찰
3차	2021-▨▨-▨▨	28,420,000원	매각
▨▨▨▨▨ 2등 입찰가 : 40,110,000원			
	2021-06-14	매각결정기일	허가
	2021-07-21	대금지급기한 납부 (2021.07.08)	납부
	2021-08-12	배당기일	완료
배당종결된 사건입니다.			

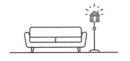

입찰가를
얼마로 써야 할까?

낙찰자는 단 한 사람

경매에 입찰하면 많은 경쟁자가 나타납니다. 인기 있는 물건의 경우 100명이 넘게 입찰에 참여하기도 합니다. 경매에서 내 집 마련을 목표로 하는 실수요자는 가장 높은 가격을 쓸 수 있습니다. 투자자들은 낙찰 받아서 매매하거나 임대 놓는 것을 목적으로 하는 반면, 실수요자는 그저 시세보다 조금이라도 저렴하게 낙찰 받기를 바라니까요. 몇천만원만 저렴해도 만족하기에 이들은 가장 높은 가격을 쓸 수 있습니다.

경매물건의 가치를 제대로 알아보는 경매전문가는 과감하게 입찰하기도 합니다. 감정가 대비 200%, 300%에도 입찰합니다. 목표로 하는 수익을 낼 수 있다는 확신이 있기 때문이지요.

경쟁자들은 각자 자신의 수익률을 정하고 경매에 참여합니다. 자본금이 많은 사람이라면 높은 가격을 지불할 수도 있습니다. "나는 시세보다 무조건 1억원 이상 싸야 돼"라면서 지나치게 보수적으로 입찰에 참여한다면 낙찰 받기가 쉽지 않아요. 입찰에 참여했는데 '자꾸 패찰한다' 또는 '내 입찰가가 실제 낙찰가와 너무 많이 차이가 난다'면 내가 너무 욕심을 부리는 건 아닌가 한번 돌이켜 생각해볼 필요가 있습니다. 경쟁자들보다 높은 가격을 쓰는 단 한 사람만 낙찰자가 되니까요.

그렇다고 낙찰 받고 싶은 마음에 마냥 높은 가격을 쓰면 안 됩니다. 누구나 적정 낙찰가에 입찰해서 낙찰 받기를 바랍니다. 이때 가장 방해가 되는 상대는 나 자신이에요. 번거로운 일은 피하면서 운 좋게 낙찰을 받고 싶어 하는 마음입니다. 하지만 경매는 일반매매보다 저렴하게 낙찰 받는 대신 이러저러하게 겪어야 할 일들이 많습니다. 일반매매도 쉽지 않잖아요. 하물며 경매로 물건을 낙찰 받기 위해서는 더 복잡한 과정을 피할 수 없습니다.

일단 먼저 물건을 검색해야 하고, 검색한 물건들의 시세를 파악해야 하며, 시세를 파악하기 위해 현장에 다녀야 합니다. 그뿐인가요? 법원에도 가야 합니다. 입찰에 참여한다고 바로바로 낙찰이 되느냐 하면 그렇지 않습니다. 어떤 물건에 입찰하려고 몇 주나 공을 들였는데, 연거푸 패찰하면 허탈한 마음이 들 수 있습니다. 하지만 경매에서는 가성비를, 효율성을 찾지 마세요. 경매로 올리는 소득은 근로소득이 아니라 사업소득입니다. 경매는 부동산을 저렴하게 취득하기 위한 투자방법 중 하나라는 것을 명심하세요.

어떤 경매 물건이
좋을까?

잘 아는 지역의 집

부동산이 처음이라면 일단 내가 잘 아는 한 지역만 마스터해 보세요. 지금 살고 있는 동네도 좋습니다. 사는 동네가 가진 돈의 크기와 맞지 않다면 친구가 살고 있는 곳도 좋습니다. 평소에 관심을 가졌던 곳이거나, 얼마 전 여행 갔던 지역도 괜찮아요. 어느 지역이든 일단 한 지역을 파보세요. 최근에는 온라인으로 정보를 제공하는 곳도 많습니다. 최근 거래 상태는 어떻고 전세는 얼마나 빨리 빠지는지 검색해 봅니다.

현장에 가서 중개사에게 이런저런 이야기도 들어보세요. 동네 화젯거리나 재개발 이슈도 들을 수 있습니다. 한 지역을 마스터하면 그다음부터는 낯선

지역을 공부할 때도 훨씬 더 빨리 파악하게 됩니다. 즉, 나만의 데이터를 쌓는 과정이 필요합니다. 경매는 집을 싸게 낙찰 받기 위한 과정입니다. 지역시세를 모르면 자칫 잘못해서 시세보다 더 비싸게 낙찰 받을 수도 있습니다.

말소기준권리보다 앞선 권리가 없는 집

권리분석에 자신이 없다면, 말소기준권리보다 앞선 권리가 없는 집을 골라보세요. '말소기준권리'는 앞에서도 잠깐 언급했습니다. 경매에서 가장 핵심 용어이니 좀 더 자세히 알고 넘어가겠습니다. 집에 대한 모든 히스토리는 등기부등본에 담겨 있습니다. "집주인이 누구한테 얼마를 빚졌고, 어떻게 갚았고, 또다시 빚을 져서 경매에 나왔다"라는 채권들이 등기부등본에 쓰여 있지요. 많은 빚이 딸려 있는 상태로는 일반 매매를 할 수가 없습니다. 채권이 따라가니까요.

그런데 경매를 통하면 이 빚이, 채권이 사라집니다. 경매에서 "소멸되었다"라고 할 때 소멸되는 기준을 '말소기준권리'라고 합니다. '말소기준권리' 아래로는 '소멸'이, 위로는 '인수'가 있습니다. 말소기준권리 위에 특별한 인수사항이 없는 물건을 고르면 됩니다. 아무 문제도 따라오지 않는 집이지요. 말소기준권리 위에 특별한 권리가 없는 물건은 권리관계가 아주 간단하고 쉽습니다.

명도가 쉬운 집

살고 있는 사람을 내보내는 것을 '명도'라고 합니다. 경매에서는 명도 과정을 반드시 거쳐야 되는데, 어떤 경우에 명도가 쉬울까요?

보증금을 전액 배당 받는 임차인은 명도가 쉽습니다. 보증금을 다 배당 받는다면 군이 명도를 거부할 필요가 없으니까요. 임차인이 배당 받기 위해서는 낙찰자의 '명도 확인서'라는 서류가 필요합니다. 전액 다 배당 받지 못하고 보증금을 일부만 배당 받더라도 명도 확인서가 필요합니다. 그러니 보증금을 배당 받는 임차인은 아무래도 명도가 쉬울 수밖에 없습니다.

집주인이 배당에서 돈을 조금 돌려받는 경우도 있습니다. 10억원에 낙찰됐는데, 빚이 8억원이면 나머지 2억원은 집주인에게 돌아갑니다. 이런 집주인들은 배당을 받아서 이사 갈 수도 있으니 명도가 수월합니다. 이렇듯 명도가 쉬운 집을 골라 입찰하면 됩니다.

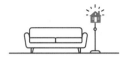

낙찰 받으면
안 되는 물건

"저렴하게 낙찰 받을 수 있는 경매, 너무 좋아요."

"마냥 좋아할 수는 없어. 위험도 있거든."

"위험한 경매도 있어요?"

"경매는 부동산을 저렴하게 낙찰 받는 괜찮은 방법이지만, 잘못 낙찰 받으면 입찰 보증금까지 잃을 수도 있어."

"잘못 낙찰 받는 이유가 뭐예요?"

"초보 경매 입찰자에게 어떤 일들이 벌어질 수 있는지 알려줄게. 잘못 낙찰 받지 않기 위해서 반드시 알아야 할 것이 있어."

잘못된 권리분석

경매에 나온 집들은 뭐가 됐든 다 문제가 있는 집들입니다. 문제들을 '권리'라고 하고, 권리의 위험을 판단하는 것을 '권리분석'이라고 해요. 권리분석은 물건의 권리해석이기도 하지만, 내가 그 물건의 권리를 해결할 수 있는지 여부를 판단하는 것입니다. 어떤 물건은 간단하게 해결이 가능한가 하면, 그렇지 않은 물건들도 있어요. 낙찰 후 해결해야 할 일들이 있는 물건을 낙찰을 받고 나서 그 일을 해결하지 못하면 이도 저도 못 하는 상황이 벌어질 수도 있습니다. 예를 들어 건물에 대한 철거소송이 진행 중인 물건을 낙찰 받았는데, 소송을 진행하던 채권자가 승소할 수도 있잖아요. 그러면 잔금납부까지 마무리한 내 물건이 철거될 수도 있는 것이죠.

인수해야 할 권리가 있는 물건

인수해야 하는 권리를 그대로 떠안는 경우를 조심해야 합니다. 인수해야 하는 권리 중 가장 흔한 것이 선순위 임차인입니다. 앞서도 언급했듯이 임차인 중 선순위 임차인은 힘이 세요. 선순위 임차인의 보증금은 항상 보전되는데, 혹시 문제가 있어서 법원에서 배당을 못 받게 되면 낙찰자가 인수해야 합니다.

'인수'는 떠안아야 한다는 뜻이고, '소멸'은 사라진다는 뜻입니다. 부동산에서는 소멸이 좋은 거예요. 인수할 권리가 없는 물건이 좋습니다. 혹시라도 선순위 임차인의 보증금을 인수하는 물건에 입찰하고 싶다면, 인수해야 하는 보증금의 크기만큼 더 낮은 금액으로 입찰하면 됩니다. 그러니까 물건의 가치가 5억원인데 인수해야 하는 보증금이 4억원이라면, 1억원 이하로 입찰해야겠지요.

고가낙찰

시세보다 너무 높은 가격으로 낙찰 받는 경우도 있어요. 왜 비싸게 낙찰 받는 걸까요? 가장 흔한 이유는 시세를 잘못 파악했기 때문입니다. 인근 매물이 1억원에 나와 있는데, 잘못해서 1억 2,000만원에 낙찰 받았다면 어떻게 해야 할까요? 그저 대략난감입니다.

이때는 두 가지 중에서 선택해야 합니다. 입찰에 참여할 때 입찰보증금 1,000만원을 납부했으니 잔금 1억 1,000만원을 납부할 것인가(입찰보증금은 낙찰가의 10%가 아니라 최저가의 10%), 아니면 입찰보증금 1,000만원을 포기할 것인가? 어떤 선택을 해도 마음이 아픕니다. 이런 일이 있어서는 안 되겠죠? 종종 실수로 뒤에 0을 하나 더 쓰기도 합니다. 1억원을 쓰려고 했는데 실수로 10억원을 쓰는 것이지요. 이 경우 당연히 잔금을 납부하지 못합니다.

때로는 이유 있는 고가낙찰도 있습니다. 감정가가 3억원인데 지금 이 아파트 가격이 전체적으로 올라서 실제 거래가는 5억원이라면, 4억원에 낙찰 받아도 저렴하게 잘 받은 거죠. 감정가를 훌쩍 넘은 가격이지만 이런 낙찰은 고가 낙찰이 아닙니다. 또한, 토지거래허가구역 내 물건의 경우 가격이 다소 높더라도 이유가 있습니다. 이 지역에서 거래할 때는 반드시 허가가 필요하지만, 경매물건은 예외이기 때문입니다.

법원의 실수라면 매각불허가 가능

간혹 법원에서 반드시 알려줘야 할 내용들을 미리 알려주지 않아서 잘못 낙찰 받는 경우도 있습니다. 법원에서 반드시 알려야 할 위험을 나에게 제대로 고지하지 않아 잘못 낙찰 받았다면, 매각 불허가를 신청할 수 있습니다. 이때 반드시 법원의 잘못이어야 합니다. '법원에서 입찰자가 당연히 알아야 할 권리관계를 고지하지 않았다'는 법원의 결정적인 실수가 있었다면, 법원에서는 이 매각을 불허가하고 내 입찰보증금을 다시 돌려줍니다. 그리고 적절한 내용을 다시 고지한 후 재경매를 실시합니다.

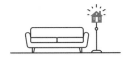

경매를
잘하고 싶어요

경매용어가 어려운 법률용어로 이루어진 까닭

"아들, 낙찰 받으니까 기분이 어때?"

"글쎄요. 실감이 안 나요. 통장에서 돈이 빠져나가고 낙찰영수증을 받은 것뿐이라 그런지, 아직 내 집이 생긴 것 같지는 않아요."

"다들 경매가 무섭다고 하던데, 넌 안 그래?"

"난 엄마가 있으니까…. 일단 모르는 게 너무 많아요. 아니, 아는 게 없다는 게 맞겠다. 전 혼자는 못 할 것 같아요. 낯설어서 누군가에게 도움을 받아야만 할 수 있을 것 같아요."

저는 부동산을 경매로 배웠습니다. 부동산을 아는 분도 경매는 어렵다고 하십니다. 처음 경매를 시작하면 먼저 낯선 법률용어가 어렵게 느껴집니다. 경매용어는 왜 이렇게 어려운 법률용어로 이루어져 있을까요? 비슷한 예로 의학용어가 있습니다. 의학용어는 영어로, 법률용어는 한자어로 이루어져 있지요. 의사들은 "가벼운 호흡기 치료를 해주세요"란 말을 "네블라인드 부탁해요"라고 얘기합니다. 편한 말로 쓰지 않고 굳이 이렇게 어려운 용어를 쓰는 이유가 있습니다. 멋있게 보이려고 그러는 거예요. 의사는 의사답게, 법률가는 법률가답게 보이기 위해 그들만의 용어를 씁니다. 일반인 입장에서는 용어에서부터 위압감이 느껴지지요. 과거에는 경매의 진입장벽이 높았습니다. 아무나 할 수 있는 일이 아니었지요. 지금은 누구나 참여할 수 있는 시장이 되었지만 법률용어를 반드시 알아야 합니다. 다행히 일반인이 경매할 때 필수적으로 알아야 할 법률용어는 스무 개 남짓에 불과합니다.

부동산 용어를 제대로 알고 싶다면, 경매 책 읽기를 추천합니다. 제가 쓴 책 중에 초보자를 위한 책인《나는 돈이 없어도 경매를 한다》도 좋고, 상가와 토지에 대한《이제 돈 되는 경매다》도 좋고, 경매공부의 기초가 되는《부동산 경매 무작정 따라하기》도 좋습니다. 제가 쓴 책 말고도 많은 경매 책들이 있으니 트렌디한 신간보다는 오래도록 사랑 받은 스테디셀러를 선택해서 읽어 보세요. 도서관에 가서 읽으면 돈 한푼 내지 않고도 마음껏 읽을 수 있습니다. 경매 책을 읽으면 자연스럽게 법률용어들을 습득할 수 있으니 외우지 말고 그냥 읽으세요. 스펀지에 물이 스며들듯이 자연스럽게 경매용어들을 접하게 될 것입니다.

명도가 걱정돼요

"낙찰 받은 집에 애들도 있는 것 같던데, 명도를 어떻게 하죠? 살고 있던 사람에게 뭐라고 말하면 좋을지 모르겠어요."

우리가 낙찰 받은 집에는 누군가 살고 있습니다. 이들을 점유자라고 하고, 점유자를 내보내는 일을 명도라고 합니다. 경매에는 '명도' 과정이 필수적으로 따라옵니다. 점유자는 집주인일 수도 있고, 전세나 월세로 살고 있는 임차인일 수도 있어요. 점유자가 누구든 우리는 반드시 명도를 해야 합니다. 경매에서는 이 명도 과정을 피할 수 없고, 명도할 용기가 있는 사람만 경매에 참여할 수 있습니다.

집에 살고 있는 분들한테 "이제 그만 나가주십시오"라고 이야기해야 하는데, 이때 불편한 마음을 가지지 않아도 괜찮습니다. 법원에서 보기에 "이 빚은 반드시 갚아야 합당하다"라고 판단한 물건만 경매에 나오니까요. 불법 물건은 경매에 나올 수 없습니다. 집주인은 집을 경매로 매각함으로써 그 빚에서 해방될 수 있습니다. 임차인도 마찬가지예요. 보증금을 돌려받아서 이사를 가거나 그다음에 가야 할 길이 있습니다. 경매 낙찰자는 임차인이 당연히 받아야 할 보증금을 돌려받을 수 있게 도와줍니다. 점유자를 괴롭히는 게 아니라 도와주는 셈이지요.

그렇지만 간혹 법의 테두리 밖에 머물며 안타까운 사정에 처한 분들도 있습니다. 너무 약하거나, 어리거나, 아프거나, 나이가 많은 분이 사는 집입니다. 누가 봐도 약한 이들이 법적 지위를 가지고 있지 않는 경우, 이런 물건을 낙찰 받아서 명도하려면 마음이 불편해요. 그런 물건은 하지 마세요. 그냥 입찰 안 하면 됩니다.

경매를 잘하는 사람들은 어떤 사람일까요?

대학교수, 회계사, 세무사, 박사… 이런 분들도 경매를 하긴 하지만, 그냥 평범한 가정주부, 직장인, 혹은 대학생, 은퇴한 아주 평범한 우리 이웃들도 경매에 참여하고 있습니다. 직업하고는 별로 상관이 없는 것 같습니다. 그런데 이분들한테는 공통적인 특성이 있습니다. 일단 돈을 좋아합니다. 돈 안 좋아하는 사람이 어디 있느냐고요? 돈에 대한 절실함의 크기가 좀 다르더군요. 돈에 대해서 긍정적인 마인드를 가지고, 경매를 통해서 돈을 벌겠다는 절실한 마음을 가진 분들이 확실히 경매를 잘합니다. 이들은 문제를 스스로 해결합니다. 문제를 해결한다는 건 해결할 만한 문제가 생긴다는 거예요. 경매 물건은 사연이 있는 물건들이고, 무언가 해결해야 될 일이 있는 물건입니다. 명도도 해야 하고, 인테리어나 매도 등 여러 과정에서 원하는 대로 진행이 안 될 때 문제해결을 할 수 있어야 합니다. "어떻게든 해결할 거야!"라는 의지가 있는 사람이 경매를 잘합니다.

경매뿐이 아닙니다. 부동산은 내 맘대로 되지 않는 경우가 참 많아요. 시장 상황은 수시로 변하고, 정부 정책은 변덕스럽습니다. 부동산은 경기에도 꿍

장히 민감합니다. 전세를 들여야 되는데, 갑자기 부동산 경기가 확 얼어붙어서 임차인들이 이동하지 않을 수도 있고, 갑작스러운 세금규제로 세금 폭탄을 맞기도 합니다.

현명한 투자자는 시장 상황에 집중하기보다는 문제 해결에 집중합니다. 매도가 되지 않는다면, 인테리어를 업그레이드하거나 더 유능한 중개사를 찾을 수 있습니다. 온라인 플랫폼에 더 자주 홍보 글을 올릴 수도 있습니다. 그런데 이렇게 했는데도 시장 상황 자체가 너무 꽉 물려 있을 수도 있어요. 계절적인 요인도 있을 수 있고, 국제정세에 따른 요인도 있을 수 있습니다. 그럴 때는 잠시 기다리는 것도 기술입니다. 어떻게든 문제를 해결하는 데 집중합니다.

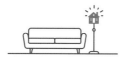

이렇게
큰 빚을 져도 될까요?

"아들, 대출서류는 잘 준비했지?"

"다 준비했어요. 서류가 진짜 많네요. 그런데 왜 멀리 가요? 가까운 은행도 있잖아요."

"은행이나 지점마다 대출가능금액과 조건이 달라서 대출을 잘해 주는 곳으로 가야 하거든."

"왜 그래요? 평소 거래하던 주거래은행이 좋은 줄 알았어요."

"거액 현금보유자가 아니라면 주거래은행의 혜택은 거의 없어. 주거래은행보다 대출조건이 좋은 은행을 찾아야지. 은행마다 현금여력이 다르겠지? 대출할 수 있는 금액이 넉넉한 지점도 있고, 한도를 다 소진한 지점도 있으니까."

"그렇군요. 그런 은행을 어떻게 찾아요?"

"우리 같은 일반인이 찾을 방법은 없어. 그래서 대출상담사를 찾는 거야. 법원 앞에 명함을 돌리는 대출상담사가 있는데, 그 사람들이 최근 대출가능한 곳을 잘 알지. 단, 온라인에서 광고하는 대출상담사는 조심해. 저축은행 등 2금융권 소개를 많이 하더라고."

"2금융권은 안 좋아요?"

"정부지원대출, 그다음 1금융, 그다음 2금융 순서로 받는 게 좋아. 당연히 금리도 순서대로 높아지지."

은행에 도착한 후 대출계로 향합니다. 미리 약속하고 온 터라 서류가 모두 준비되어 있습니다. 아들의 서류를 제출하고, 자필서명을 해야 할 곳에 바쁘게 서명합니다.

"휴, 서류가 왜 이렇게 많아요? 팔이 아파요."

"그 서류에 뭐라고 써 있는 줄 알아?"

"글씨가 너무 작기도 하고, 서명하느라 바빠서 못 읽었어요."

"대출하는 금액보다 20% 더 높은 금액으로 근저당을 설정하고, 이자를 3개월 연체하면 바로 경매에 넣는다는 등의 이야기가 있어."

"음, 왠지 싫은데. 거부할 수 있어요?"

"그럼 은행에서 대출을 안 해주겠지?"

아들은 낙찰가의 80%인 3,280만원을 대출받았습니다. 감정가 70%와 낙찰가 80% 중 낮은 금액으로 대출이 되는데, 저렴한 낙찰가 덕분에 80%까지 대출 받을 수 있었지요. 규제지역이 아닌 비조정지역이기에 제한 없이 대출이 되었습니다.

"전세금을 받으면 바로 상환하자. 월세를 놓으면 대출을 유지하면서 월세 받아 이자를 내면 되고."
"대출을 이렇게 많이 받아도 되나 걱정돼요."

소비를 위한 대출과 투자를 위한 대출은 달라요

대출에는 좋은 대출과 나쁜 대출이 있습니다. 당장 필요한 생활비를 위한 대출은 어쩔 수 없이 받지만 좋은 대출이 아니에요. 소비나 과시, 자동차를 사기 위한 대출도 마찬가지예요. 대출 받는 순간 사라지는 돈이지요. 쓰기 위한 대출과 벌기 위한 대출은 다릅니다.

부동산은 비쌉니다. 자신이 가진 돈만으로 부동산을 살 수 있는 사람이 얼마나 될까요? 내가 가진 돈만 쓰기보다 대출을 이용하면 더 가치 있는 물건을 취득할 수 있습니다. 자산을 늘리는 지렛대 역할을 한다고 해서 대출을 이용한 부동산 투자를 레버리지 투자라고 합니다.

10년 전 양평에 토지를 낙찰 받았습니다. 집을 짓기 적합한 곳이라 '언젠가 집을 지어야지' 하는 마음으로 받은 토지입니다. 낙찰가는 1억원, 투자금은

1,000만원이었지요. 당시 대출이 90% 나올 때라 9,000만원을 대출 받았습니다. 매달 납입하는 이자는 30만원 정도였는데 10년이 지났으니 3,600만원을 이자로 낸 셈이네요. 10년이 지난 현재 이 토지의 시세는 4억원 정도입니다. 이렇듯 대출은 푼돈으로 부동산 투자를 할 수 있게 만들어줍니다.

TV에 대부업체의 대출광고가 나옵니다.

"여자라면 대출하세요!"

"엄마, 대출은 최대한 이용하라고 했잖아요. 저런 대출도 받아도 돼요?"

"노노! 이런 대출은 절대 받으면 안 되는 대출이야."

"생활비가 모자라거나, 사고 싶은 물건이 있을 때 대출을 이용하라는데요. 심지어 한 달간 이자도 받지 않는대요."

"무언가를 사기 위해 빚을 내서 사면 나중에 어떻게 갚겠니? 혹여 자금줄이 막혀 연체라도 하게 되면 자칫 신용불량자가 될 수도 있어."

"무언가를 사기 위해 받는 대출은 정말 위험하군요."

" 무엇보다 저런 사금융과 2금융권에서 소액대출을 받기 시작하면 일반은행은 너를 신용이 낮은 사람으로 여기게 돼. 그러면 집을 살 때 큰돈을 대출받을 수 없게 되지."

"받으면 안 되는 나쁜 대출이네요."

대출 없이 한푼두푼 모아 내 집을 마련하려면
100년이 걸릴지도 몰라요

그냥 하는 하소연이 아닙니다. 20대가 저축만으로 서울 아파트를 구매하려면 무려 100년이 걸린다는 연구결과가 있습니다. 정부 가계금융복지조사와 KB국민은행 주택가격동향을 활용한 민주노동연구원 이한진 연구위원의 연구결과입니다. 소득에서 소비지출과 비소비지출을 모두 뺀 금액이 '저축가능액'인데, 2020년 기준 30대 미만 가구의 저축가능액은 연간 1,099만원입니다. 2020년 12월 서울 아파트 평균 매매가가 10억 4,299만원이니, 20대가 저축을 통해 서울에 있는 아파트를 구매하려면 94.91년이 걸린다는 계산이 나옵니다. 2021년 서울 평균 아파트값은 10억 9,993만원으로 더욱 상승했습니다.

대한민국의 집은 차근차근 벌어 모은 돈으로 사기에는 상승률이 가파릅니다. 30세 미만의 저축 가능액은 줄고, 아파트 가격은 급등함에 따라 내 집 마련을 포기하는 N포세대가 늘고 있습니다. 집을 사려고 한푼두푼 모으는 사이에 집값은 그 몇 배로 올라 살 수 없게 되는 것이지요. 열심히 저축해도 2년마다 상승하는 전세보증금조차 올려주기 힘든 상황입니다.

가진 돈이 없으면 남의 돈을 이용해야 합니다(돈 많은 사람은 남의 돈으로 더 많은 돈을 벌어 부자가 됩니다. 사업도 그렇게 하지요). 남의 돈을 빌릴 때는 신중해야 하지만, 빌리는 것 자체를 두려워할 필요는 없습니다. 특히 지금 월세를 내고 있다면, 대출을 이용하여 집을 사고 이자를 내는 편이 훨씬 유리합니다. 월세 50만원은 임차인에게는 비용일 뿐이지만, 이자 50만원은 집주인으로서 자산을 보유하는 대가입니다. 대신 집 가격이 상승할 것을 기대할 수 있지요. 가진 돈의 한도 내에서 집을 사기보다는 모은 돈과 은행에서 대출받은 돈을 합쳐서 집을 사는 편이 낫습니다. 감당할 수 있는 수준에서 대출을 받는 것입니다. 내가 가진 돈 2억원으로는 경기 외곽의 빌라밖에 못 사지만, 대출을 2억원 더 받으면 4억원짜리 아파트를 살 수 있습니다. 2억원짜리 빌라보다 4억원 하는 아파트가 더 가치 있는 물건입니다. 자신의 상황에서 최선의 선택을 하기 위해 대출을 이용하세요.

은행에서 대출 받는 기본공식

좋은 조건으로 대출 받을 수 있다면 더 비싸고 좋은 아파트를 살 수 있습니다. 정부에서 규제를 심하게 할 때는 대출 받는 것도 쉽지 않습니다. 특히 과도한 대출은 위험합니다. 집주인은 집을 사면서부터 빚을 지게 됩니다. 집주인이 경매를 당하는 첫 번째 이유는 집 살 때 받은 대출금을 못 갚기 때문입니다. 일명 집 가진 거지, 즉 하우스푸어가 되지 않기 위해 안전한 대출방법을 알아봅시다.

은행에서는 일정한 공식에 따라 대출을 합니다. 집, 부동산가격이 기준인 LTV, 대출자(차주)의 소득이 기준인 DTI, 대출자(차주)의 기존 대출까지 고려한 DSR이 공식의 기본입니다.

❶ LTV(Loan to Value Ratio): 주택담보인정비율(집이 기준)

은행에서는 LTV를 적용해 대출을 합니다. 집 가격이 기준입니다. 집 가격에 따라 대출금액이 정해지는데, LTV의 기준은 집을 사려는 지역이 어디인지, 주택을 가졌는지 여부에 따라 다릅니다. 서울은 전 지역이 투기지역입니다. 40%까지 대출이 가능합니다. 경기도권의 조정대상지역은 60%까지 가능합니다. 9억원 이상 고가주택은 9억원이 넘는 금액의 20%만 대출이 됩니다. 15억원이 넘으면 대출이 전혀 나오지 않아요.

예를 들어볼까요?

12억원짜리 집을 살 때, 9억원까지는 40% 대출이 되고, 나머지 3억원에 대해서는 20% 대출이 가능합니다. 대출 가능한 총금액은 3억 6,000만원 + 6,000만원 = 4억 2,000만원입니다. 9억원이 넘는 집은 이렇듯 대출금액이 적습니다. 6억원 이하의 집을 서민 실수요자 무주택자가 사면 70%까지 대출이 가능합니다. 1억원짜리 집은 최대 7,000만원까지, 3억원짜리 집이라면 2억 1,000만원까지 대출됩니다(이때 서민은 소득을 기준으로 정합니다. 부부합산소득이 6,000만원 이하라면 서민입니다).

정부는 서울과 수도권 등 일부지역을 투기지역, 투기과열지구, 조정대상지역으로 지정하고, 수시로 그 지역을 변경하고 있습니다. 규제지역의 경우 각종 세금을 중과하고, 대출도 규제합니다.

❷ DTI(Debt To Income): 총부채상환비율(대출자 소득기준)

DTI는 대출담보의 연간 원리금 상환액과 기타 부채의 연간 이자 상환액의 합계액을 총소득으로 나눈 것입니다. 단어가 어렵지요. 간단하게 말하면 1년간 번 수입에서 대출이자와 원금을 내는 비율을 말합니다. 현재 DTI는 60%입니다. 급여가 500만원일 때 매달 이자와 원금상환으로 내는 300만원이 DTI 최대 금액입니다.

단, 임대용 물건이 아니라 직접 들어가서 살 내 집일 경우에는 대출을 받기 전 반드시 먼저 본인의 상환능력이 얼마나 되는지 냉정하게 판단해야 합니다. 매달 이자와 원금을 상환할 형편이 되는지 고려해야 하지요. 소득의 60%를 대출원리금으로 상환하기란 현실적으로 쉽지 않은 일입니다.

❸ DSR(Debt Service Ratio): 총부채원리금 상환비율(대출자의 기존 대출 포함)

대출자가 연소득 대비 갚아야 할 원리금의 비율입니다. 소득 수준에 따라 대출 한도를 제한하는 것이지요. 집주인이 보유한 모든 대출의 연간 원리금 상환액을 연간 소득으로 나눠 산출합니다. 마이너스통장, 신용대출, 전세자금 대출, 자동차할부금융 등이 모두 포함됩니다. DTI는 주택담보대출 원금상환액만 포함하지만, DSR은 주택담보대출을 포함한 모든 대출의 원금상환액을 포함합니다.

2022년 1월부터 주택담보대출과 신용대출, 카드론 등을 합해 총대출액이 2억원을 넘으면 대출 규모가 축소 적용됩니다. DSR이 40%로 적용되기 때문입니다(2금융권 DSR 기준은 50%). 2022년 7월부터는 DSR 기준이 2억원에서 1억원으로 더 내려갑니다.

집 살 때 고려해야 하는 그 외 대출조건

❶ 대출 금리

금리는 부동산과 큰 연관이 있습니다. 금리가 오르면 영혼까지 끌어 투자한 투자자에게는 치명적입니다. 같은 조건이라면 낮은 금리를 선택하는 것이 당연합니다.

대출금리는 기준금리와 가산금리로 이루어집니다. 기준금리는 한국은행의 최고 결정기구인 금융통화위원회에서 매달 회의를 통해서 결정하는 금리입니다. 가산금리는 개인의 신용이나 기타사항에 따라 달라집니다.

대출금리 조건은 고정금리와 변동금리 중 선택할 수 있습니다. 고정금리는 대출기한, 혹은 일정기간 동안 시중금리가 아무리 큰 폭으로 변하더라도 이 자율이 변하지 않는 것을 말합니다. 반대로 변동금리는 시중금리에 따라 변동됩니다. 은행 입장에서는 자신의 이자위험이 적은 변동금리는 낮게, 위험이 높은 고정금리 이율은 높게 책정합니다. 주택담보대출은 몇십년에 걸친 장기대출이라 일정기간(5년 정도)만 고정금리이고, 이 기간이 지나면 변동금리로 변경됩니다.

❷ 대출기한

대출기한을 길게 하는 것이 좋을까요, 짧게 하는 것이 좋을까요? 주택담보대출은 금액이 크기 때문에 1, 2년 정도의 짧은 기간에 상환하기는 현실적으로 어렵습니다. 납입기간이 길면 이자가 커지고, 이자가 아깝다고 기간을 너무 짧게 하면 매달 내야 하는 금액이 많아집니다.

예를 들어볼까요?

대출 시뮬레이션

출처: 네이버 이자계산기

디딤돌대출로 2억 6,000만원을 2.75%에 대출하여 20년간 원리금균등상환으로 갚으면 총대출이자는 약 7,831만원이고, 매달 납입해야 할 원리금은 약 140만원입니다(위 그림 왼쪽). 여기에서 상환기간을 늘리면 전체 이자는 늘어나지만 매달 상환해야 하는 금액은 줄어듭니다. 같은 기준에서 30년간 원리금 균등상환을 하면 매달 납입해야 할 원리금은 약 106만원이고, 총대출이자는 약 1억 2,211만원입니다(위 그림 오른쪽). 집을 살 때 일반적으로 가장 많이 선택하는 대출기간과 방식은 30년 원리금균등상환입니다. 부동산 가격이 오르면서 요즘은 50년간 장기로 상환하는 대출상품도 나온다고 합니다.

❸ 상환방법

원리금균등상환은 원금과 이자를 매달 같은 금액으로 상환하는 방식입니다. 매달 같은 월상환금액을 내지만, 매달 내는 원금액과 이자액은 다릅니다.

원금균등상환은 매달 원금을 동일하게 상환하는 방식으로, 매달 내는 이자와 월상환금액이 줄어듭니다. 일반적으로 매달 일정금액을 상환하는 원리금균등상환을 이용합니다.

원금균등상환(30년)

이자 계산기

적금   예금   **대출**   중도상환수수료

대출금액   **260,000,000** 원
                    2억 6,000만원

대출기간   년   개월   **30** 년   연이자율   **2.75** %

상환방법   원리금균등   **원금균등**   만기일시

대출원금	**260,000,000** 원	
총대출이자	**107,547,917** 원	
총상환금액	**367,547,917** 원	

1회차 상환금액	**1,318,056** 원	
	월별 더보기 >	

↻ 초기화

월별 상환금과 대출잔금 원금균등상환   ✕

회차	납입원금	대출이자	월상환금	대출잔금
1	722,222	595,833	1,318,056	259,277,778
2	722,222	594,178	1,316,400	258,555,556
3	722,222	592,523	1,314,745	257,833,333
4	722,222	590,868	1,313,090	257,111,111
5	722,222	589,213	1,311,435	256,388,889
6	722,222	587,558	1,309,780	255,666,667
7	722,222	585,903	1,308,125	254,944,444
8	722,222	584,248	1,306,470	254,222,222
9	722,222	582,593	1,304,815	253,500,000
10	722,222	580,938	1,303,160	252,777,778
11	722,222	579,282	1,301,505	252,055,556
12	722,222	577,627	1,299,850	251,333,333
13	722,222	575,972	1,298,194	250,611,111
14	722,222	574,317	1,296,539	249,888,889
15	722,222	572,662	1,294,884	249,166,667
16	722,222	571,007	1,293,229	248,444,444

원리금균등상환(30년)

이자 계산기

적금　예금　**대출**　중도상환수수료

대출금액 　　　260,000,000 원
　　　　　　　2억 6000만원

대출기간 　년 | 개월 　 **30** 년　연이자율　**2.75** %

상환방법 원리금균등 | 원금균등 | 만기일시

대출원금	260,000,000	원
총대출이자	122,113,745	원
총상환금액	382,113,745	원
1회차 상환금액	1,061,427	원

월별 더보기 >

월별 상환금과 대출잔금 원리금균등상환 　　　　　　　　　　　　　✕

회차	납입원금	대출이자	월상환금	대출잔금
1	465,594	595,833	1,061,427	259,534,406
2	466,661	594,766	1,061,427	259,067,746
3	467,730	593,697	1,061,427	258,600,015
4	468,802	592,625	1,061,427	258,131,213
5	469,876	591,551	1,061,427	257,661,337
6	470,953	590,474	1,061,427	257,190,384
7	472,032	589,395	1,061,427	256,718,351
8	473,114	588,313	1,061,427	256,245,237
9	474,198	587,229	1,061,427	255,771,039
10	475,285	586,142	1,061,427	255,295,754
11	476,374	585,053	1,061,427	254,819,379
12	477,466	583,961	1,061,427	254,341,913
13	478,560	582,867	1,061,427	253,863,353
14	479,657	581,770	1,061,427	253,383,696
15	480,756	580,671	1,061,427	252,902,940
16	481,858	579,569	1,061,427	252,421,082

❹ 거치기간

대출을 받은 후 원금을 갚지 않고 이자만 지불하는 기간을 거치기간이라고 합니다. 원금은 거치기간이 끝나고 난 후 매달 조금씩 나누어서 갚습니다. 예를 들어 3년 거치 20년 원리금분할상환이라면, 3년 동안 이자만 내다가 4년째부터 원금과 이자를 같이 상환하는 방식입니다. 거치기간이 길면 매달 원금을 상환하지 않아도 되므로 금액부담이 적습니다(정부의 가계부채대책으로 주택담보대출 시 거치기간이 1년이거나 거치기간 없이 원리금분할상환대출이 이루어지고 있습니다. 이 조건은 정부의 방침과 경제상황에 따라 다르니, 대출을 실행할 때는 현재 상황을 꼭 체크하세요). 주택이 아닌 부동산의 경우 거치기간 10년 동안 이자만 내다가 일시상환하는 방식으로 대출이 이루어지기도 합니다.

❺ MCI(Mortgage Credit Insurance)

MCI는 은행과 같은 금융기관이 입은 손해에 대하여 보험가입금액 범위 내에서 보상하는 신용보험의 일종으로 모기지 신용보험입니다(금융거래에서 대출자가 대출에 대한 보증으로서 금융기관에 부동산을 담보로 제공하고 부동산 구입 자금을 대출받는 일, 또는 그 담보물에 설정되는 저당권을 모기지라고 합니다). 은행 입장에서는 소액임차인에 대한 최우선변제권으로 인한 손해가 있을 수 있기에 그 금액만큼 대출한도를 낮추는 것이 안전합니다. 이것을 통상 방빼기, 혹은 방공제라고 하지요. 대출 금융기관이 MCI에 가입하면, 신용보험에서 은행에 최우선변제 금액만큼 보증해주어 방공제를 하지 않아도 되므로 대출한도가 높아집니다. 임대인이 LTV에 따라 온전히 대출을 받기 위해서는 MCI 가입이 필요하며, 은행에 요청하면 서울보증보험과 연계해서 알아서 가입하고 수수료도 부담합니다.

예를 들어 볼까요?

아래 표는 주거용 소액임차인의 최우선변제권에 대한 표의 일부입니다.

주택임대차 소액보증금 범위 및 최우선변제금액

담보물권 설정일	지역	소액보증금 범위	최우선변제금액
2014.01.01~	서울특별시	9,500만원 이하	3,200만원
	수도권(과밀억제권역)	8,000만원 이하	2,700만원
	광역시(인천, 군지역 제외), 안산, 용인, 김포, 경기도 광주	6,000만원 이하	2,000만원
	기타지역	4,500만원 이하	1,500만원
2016.03.31~	서울특별시	1억원 이하	3,400만원
	수도권(과밀억제권역)	8,000만원 이하	2,700만원
	광역시(인천, 군지역 제외), 안산, 용인, 김포, 경기도 광주	6,000만원 이하	2,000만원
	세종시	6,000만원 이하	2,000만원
	그 밖의 지역	5,000만원 이하	1,700만원

A씨는 서울에 사는 임차인이고, 보증금은 5,000만원입니다. A씨가 살고 있는 집에 최초로 근저당이 설정된 날짜는 2016년 1월 1일입니다. 2016년 1월 1일 기준 서울의 보증금 범위는 9,500만원이었고, 최우선변제금은 3,200만원이었습니다. 이는 곧 임차인의 보증금이 9,500만원 이하라면 경매로 집이 넘어갈 때 3,200만원을 먼저 배당 받는다는 뜻이지요.

2022년 6월, B가 이 집을 1억원에 낙찰 받아 대출을 받으려고 합니다. 대출가능 금액은 [집의 시세 × LTV - 방공제]입니다.

2022년 기준 서울의 최우선변제금은 3,400만원입니다. [낙찰가 1억원 × 서민 실수요자대출 70% - 방공제 3,400만원]으로 대출가능 금액은 3,600만원입니다. 금액이 너무 적지요?

이때 MCI 보험을 활용하면 3,400만원에 대한 방공제를 제할 수 있습니다.

[낙찰가 1억원 × 서민 실수요자대출 70% (- 방공제 3,400만원 → MCI 보험 대체) = 7,000만원]이 대출가능 금액이 됩니다.

❻ 중도상환수수료

주택담보대출을 일찍 상환하면 대출자는 더 이상 이자를 내지 않아서 좋지만, 은행 입장에서는 수입이 줄겠지요? 그래서 은행에서는 대출을 중도에 상환하면 중도상환수수료를 받습니다. 전세로 임차인을 받아 대출을 조기상환하고자 한다면, 중도상환수수료가 적은 상품으로 선택하는 것이 좋습니다.

❼ 기타 부가조건: 적금, 카드, 보험가입

은행에 따라 대출 이율을 낮추기 위한 기타 부가조건들이 있어서 적금, 카드, 보험가입을 유도하기도 합니다.

❽ 개인의 신용점수

대출 시 대출자의 신용점수는 매우 중요합니다. 아예 돈을 안 쓰는 짠돌이보다 신용카드를 어느 정도 사용하고 한 군데 은행에서 오래 거래한 사람의 신용이 더 좋습니다. 은행은 사업자보다 월급 받는 직장인에게 더 저렴한 금리혜택을 주곤 합니다. 사소한 현금서비스를 자주 사용하면 은행에서 돈이 궁한 사람으로 여기니 사용하지 않는 것이 좋습니다. 카드, 세금 등은 적은 금액이라도 연체는 절대 금물입니다.

헌 집 버리고
새집 만들기

살고 있는 사람 잘 내보내기

"막상 명도하러 가려니 떨려요. 전 가서 뭐 해요?"

"대화는 엄마가 할게. 넌 가만히 미소만 짓고 있어. 명도할 때 여러 명이 동시에 이야기하면 점유자가 공격 받는다고 느낄 수도 있거든."

"이 집 점유자는 배당 다 받는 임차인이니까 명도가 쉽겠지요?"

"명도저항을 심하게 하지는 않을 것 같아."

"그렇더라도 뭐라고 이야기할지 모르겠어요. 집에서 나가라고 하는 것 자체가 쉽지 않아요. 게다가 점유자가 어떤 사람인지 직접 만나봐야 아는데, 이상한 사람일 수도 있잖아요? 만약 저 혼자라면 명도가 제일 힘들 것 같아요."

경매를 처음 하면 누구나 명도에 대한 부담을 느낍니다. 하지만 걱정하지 마세요. 명도는 법적으로 낙찰자에게 유리하답니다. 점유자를 강제로 내보내는 강제집행이라는 제도가 있기 때문이에요. 덕분에 저나 독자님 같은 일반인들도 경매를 할 수 있게 되었지요. 이렇게 강제집행을 할 수 있는 권리가 있기는 하지만, 실제 경매에서 강제집행은 거의 하지 않습니다. 강제집행을 하는 과정이 순탄치 않을뿐더러 비용도 들고 감정 소모도 굉장히 많거든요. 가능하면 대화로 명도를 마무리하는 것이 좋습니다.

아들의 첫 인테리어

"집이 완전 엉망이에요. 좀 심한 것 같아요."

"상관없어. 어차피 싹 다 뜯어고칠 거니까."

"이 많은 쓰레기들은 다 어쩌죠?"

"쓰레기 치우는 폐기물업체부터 불러야겠다. 버릴 것들은 한번에 버려야 해."

다행히 부드럽게 명도를 마쳤지만, 점유자는 쓰레기를 잔뜩 남겨두고 이사를 가버렸습니다.

폐기물 수거업체의 트럭이 도착했습니다. 인부들이 빌라의 실내는 물론이고 현관 앞까지 가득하던 쓰레기를 차량 가득 실어냅니다. 오래되어 바랜 초록빛 문짝과 몰딩, 낡아 너덜거리는 장판 등도 함께 나갑니다. 부엌의 싱크대도 떼어내고, 화장실의 타일까지 모두 제거하니 집 안이 말끔해졌습니다. 인테리어는 버릴 것을 버리는 것부터 시작입니다.

철거하는 데만 꼬박 이틀이 걸렸습니다. 그동안 아들은 자재를 구하느라 바빴습니다.

"이 타일이 무난한 것 같아요."

"좋아, 재고라서 저렴하네."

가까운 타일 자재상을 방문하여 타일을 골랐습니다. 자재창고에 직접 방문하면 대량으로 납품하고 남은 자투리 타일을 저렴하게 구입할 수 있습니다. 문도 마찬가지입니다. 재고로 남은 문짝을 고르고, 몰딩은 마이너스 몰딩으로 선택합니다. 타일은 타일시공 전문가가, 문과 몰딩은 목수가 작업합니다.

전문작업자가 직접 시공을 해야 하는 싱크대, 도배 등은 물건지에서 가까운 지역의 업체를 섭외해서 하는 편이 좋습니다. 잘 아는 곳이라고 하더라도 멀리 출장을 오게 되면 출장비가 추가로 들 수밖에 없기 때문입니다.

상품정보	상품가격
아메리칸스탠더드 피노 PINO 세면기수전	41,730원
욕실 수납장 화장실 수건장 거울	35,500원
욕실 수납장 화장실 수건장 선반	63,900원
욕실 수건걸이 스텐 휴지 걸이	8,800원
국산올크롬수건걸이	6,300원
스테인리스 비누대	3,500원
부직포 롤 110cm x 90m / 실크도배 초배지	35,000원
도배지 KS벽지_장폭합지	60,000원
도배지 KS벽지_장폭합지 배색	99,000원
대림바스 이누스 양변기	95,000원
해바라기샤워기 선반형 샤워수전	59,500원
LED 현관 센서등	3,900원
LED 현관 시스템 센서등(화이트) 12W	11,000원
LED 크림 욕실등 20W 삼성칩 색상선택: 주광색	12,800원
식탁등(2등용 후렌치포함)	16,900원
LED 엣지등 평판등 50w 640X640X26mm	20,300원
LED 엣지등 평판등 1285X180X26mm	20,000원
스위치 전기 콘센트	17,500원
3구 스위치(버튼 3개)	10,800원
1구 스위치(버튼 1개)	3,800원
긴다리 세면기	64,000원

"화장실용 도기, 조명처럼 자잘한 자재도 구입해야 해. 이런 건 온라인에서

사자."

"제가 골라볼게요."

"조명은 예쁜 걸로, 수도꼭지는 좋은 걸로 골라봐. 임차인은 이런 디테일이 고급인 걸 좋아하거든."

내가 직접 들어가 살 집은 물론이고, 임차인을 들이거나 매도를 하더라도 항상 인테리어를 해야 합니다. 낙찰 받은 집 그대로 내놓는 것보다 훨씬 더 좋은 가격을 받을 수 있기 때문이지요. 제가 처음에 이 사실을 알게 된 것은 경매를 막 시작한 시기였어요.

경매입문 초기에 동생과 같은 아파트를 각각 낙찰 받게 되었습니다. 저는 돈을 아끼려고 인테리어를 하지 않고 매도로 내놓았고, 동생은 전세로 임차인을 들이려고 인테리어를 해서 내놓았습니다. 그런데 인테리어한 동생 물건을 매수하겠다며 사람들이 더 몰리는 것이었어요. 결국 동생은 더 좋은 가격으로 집을 매도했습니다. 이 일을 겪은 이후로 저는 임차인을 들이든 매도하든 상관없이 바로 입주할 수 있는 상태로 만들어서 물건을 내놓습니다. 그래야 현재 시세에서 가장 높은 가격을 받을 수 있어요.

경매에서 인테리어를 어느 정도까지 해야 할까요? 이때 따져야 할 것이 바로 가성비입니다. 저는 경매 자체는 가성비를 따지지 않지만, 인테리어할 때는 가성비를 따져요. 저렴한 자재로 고급스러운 분위기를 낼 수 있다면 만족스럽습니다. 지금부터 저렴하게 내 집의 가치를 올릴 수 있는 비법들을 알아볼게요.

페인트

페인트만으로도 분위기를 바꿀 수 있어요. 페인트는 집에 변화를 주는 가장 쉬운 방법입니다. 셀프로 할 수 있는 인테리어가 그리 많지 않은데, 페인트 정도는 셀프로 해도 괜찮습니다. 다른 건 어려워요(특히 도배는 절대 하지 마세요). 페인트는 초보자 실력으로 칠해도 티가 많이 안 납니다. 단, 초보자는 몸이 고생하지요.

철문에 바르는 페인트와 나무에 바르는 페인트가 다릅니다. 어떤 게 좋을지는 구매처에서 추천 받으세요. 저는 직접 페인트칠을 하게 되면 굳이 비싼 수입 페인트를 씁니다. 고급 페인트는 두 번 정도만 칠해도 마무리할 수 있어요.

본격적으로 페인트칠을 하기 전에 면을 고르게 해서 페인트가 잘 먹을 수 있도록 먼저 사포질을 합니다. 젯소를 칠하고 나서 페인트칠을 시작해요. 전체를 얇게 다 칠하고, 완전히 마르고 나면 다시 칠하는 방식으로 페인트칠을 합니다. 2~3번 정도 칠하면 되는데, 상태가 정말 안 좋아서 5번까지 칠한 적도 있었어요. 교체하지 않는다면 도배 전에 몰딩에 페인트칠을 합니다. 그렇지 않으면 천장과 벽 도배를 한 후에 몰딩이 누렇게 보이거든요.

도배와 바닥

도배와 바닥은 일상적으로 하는 인테리어입니다. 종이 도배지 중 넓은 폭을 광폭합지, 좁은 폭을 소폭합지라고 하는데 소폭이 더 저렴하지만 작업은 광폭이 더 편해요. 인테리어는 자재비와 인건비로 이루어집니다. 자재비를 저렴하게 하기 위해서 작업을 어렵게 하면 인건비가 더 들 수 있습니다. 도배지는 작업이 편한 광폭합지로 추천드려요. 직접 살 집은 실크도배지를 이용하기도 합니다.

최근 좋은 장판이 많이 나오고 있습니다. 한눈에는 장판인지 알아보기 어려울 정도로 고급 장판도 많아요. 다양한 종류의 마루도 있어요. 데코타일은 마루보다 저렴하면서 고급스러운 느낌을 주지만, 난방하면 틈새가 벌어져서 추천하지 않습니다.

곰팡이

관리가 안 된 집에는 종종 곰팡이가 핍니다. 반드시 곰팡이를 제거하고 도배지를 발라야 해요. 기존의 도배지를 다 제거하고 나면 시멘트가 나오는데, 벽에 곰팡이가 까맣게 피어 있는 걸 본 적이 있으실 거예요. 철수세미에 락스를 묻혀서 벽을 빡빡 닦아주세요. 그러면 락스에 곰팡이균이 죽습니다.

그런데 곰팡이는 균이라서 건드리면 포자가 온 집 안을 날아다니므로 마스크를 쓰더라도 호흡기를 조심해야 합니다. 온몸에 곰팡이포자가 들어앉았을 테니 작업할 때 입었던 옷은 반드시 세탁하세요. 곰팡이 포자는 집 안을 돌아다니다가 조금이라도 습기가 있으면 거기에 내려앉아 곰팡이를 일으킵니다. 이때는 곰팡이가 생기자마자 바로바로 닦아주면 됩니다. 살균물티슈를 옆에 놓고 곰팡이가 드러날 때마다 바로바로 닦아주면 오래 살지 못해요.

벽이 완전히 마른 다음에 도배를 합니다. 완전히 마르지 않은 상태에서 도배를 하면 다시 곰팡이의 밥이 됩니다. 곰팡이를 완전히 제거하고 난 후 도배를 하면 이후에는 곰팡이가 잘 생기지 않아요. 한번 생기면 계속 생기고, 한번 싹 없애고 나면 잘 생기지 않는 게 곰팡이입니다.

싱크대

오래된 집의 싱크대는 망가진 곳이 없어도 굉장히 올드한 느낌이 납니다. 특히 나무무늬 싱크대가 있으면 좋은 가격으로 전세나 매도를 할 수 없습니다. 최근에는 최소한 깨끗한 하이그로시 정도로 교체합니다. 가스도 쿡탑보다는 전기인덕션을 선호합니다. 싱크볼, 싱크대 수전은 비싸지 않으면서도 예쁜 것들이 많으니 포인트로 잘 골라보세요.

화장실

화장실 인테리어는 어느 정도 비용이 들 것을 예상해야 합니다. 타일을 교체하기도 하고, 변기와 세면기는 종종 교체합니다. 조명과 수납장 정도만으로도 과거 집보다는 예뻐집니다. 도기와 수전, 해바라기 샤워기 등은 온라인에서 주문하는 것이 가장 저렴합니다. 기존 크기를 참고해서 적당한 물건으로 자재를 미리 준비한 뒤 전문가에게 설치를 요청하면 됩니다.

조명

최근 조명 트렌드는 메인조명 없이 무몰딩 안에 은은한 조명을 설치하거나, 포인트 조명을 설치하는 것입니다. 청담동 매장에 있을 법한 조명을 청계천에서 저렴하게 찾아낼 수도 있습니다. 조명은 손품, 발품으로 예쁜 것을 저렴하게 득템할 수 있어요. 이때, 무엇보다 감각이 있어야 하겠지요?

인테리어의 순서

어디까지 인테리어를 할 것인가에 따라 다르지만, 전체 인테리어 기준으로 순서를 알려드릴게요.

① 기존에 있던 모든 것들을 철거하는 것부터 시작해요.

② 새시를 설치합니다.

③ 목공으로 기본 틀을 잡아요(전기배선 등도 이때 처리합니다).

④ 문을 설치합니다.

⑤ 필요한 곳에 페인트를 칠합니다.

⑥ 화장실과 싱크대에 타일을 설치합니다.

⑦ 도배, 바닥, 싱크대, 화장실 도기 등을 설치합니다(이때 작업하는 전문가의 동선이 꼬이지 않도록 주의합니다).

아들의 공사일지

날짜	공사 내용	금액
07월 25일	공사시작	
	철거	950,000원
07월 16일	잡비	16,000원
	잡비	131,000원
07월 20일	페인트	169,600원
	타일자재	340,000원
	몰딩, 문, 바닥 자재	2,100,000원
07월 22일(자재주문)	조명, 콘센트	130,000원
	세면기	64,000원
	양변기	95,000원
	화장실부속	18,600원
	선반장	63,000원
	거울	35,500원
	세면기 수전	41,730원
	도배지	194,000원
	현관 도어락	91,500원
07월 22일	목수 인건비	1,800,000원
07월 23일	철거추가	200,000원
	타일시공 인건비	400,000원
	잡비	33,560원
07월 24일	도배시공 인건비	550,000원
	잡비	184,260원
07월 25일	잡비	4,800원
07월 27일	새시 잔금	4,500,000원
	잡비	13,500원
07월 28일	싱크대	2,000,000원
	인터폰/ 조명등	300,000원
	잡비	400,000원
합계		13,876,050원

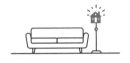

임차인
빨리 구하는 법

사람들은 어디서 집을 알아볼까?

"어때, 고생한 보람이 있니?"

"힘들었는데, 그만한 가치가 있어서 기뻐요. 이제 임대만 놓으면 되네요."

전체 리모델링이 끝난 집은 밝고 환해졌습니다. 일반적인 경우에는 수리를 하면서 그와 동시에 중개사무소에 집을 내놓지만, 이 집처럼 상태가 몹시 안좋을 때는 수리가 끝난 후 임대를 냅니다. 이전 상태의 집이라면 아무도 임대로 들어오지 않을 테니까요.

"아들, 친구들 중에 자취하는 친구들 있니?"

"많지는 않아요. 두세명쯤?"

"그 친구들은 어떻게 방을 구했을까?"

"음, 일단 검색을 할 것 같아요."

"맞아, 임차인들은 검색부터 시작해. 살 지역을 정하고, 인근의 다른 집과 보증금, 월세등을 비교하고, 집 상태도 비교하지. 가진 돈의 한계 내에서 최선의 선택을 하려고 하는 거야."

"주로 어디에서 검색해요?"

"보통 네이버부동산을 우선 검색해. 중개사무소에 임대를 내놓으면 중개사는 네이버부동산에 매물을 등록하고 광고를 시작해. 네이버부동산 외에도 저렴한 전월세를 찾는 데 유용한 부동산 플랫폼에는 여러 가지가 있어. 오늘부터 너는 임대 내놓는 일을 할 거야."

"방법을 아직 잘 모르겠어요. 어떤 중개플랫폼이 있는데요?"

"그건 직접 찾아봐."

"그럼 집을 내놓는다는 건 무슨 뜻이에요?"

"이 집을 홍보하는 거야. 일단, 싱크대와 화장실을 리모델링한 사진, 조명이 달린 거실 등 한눈에 들어오게 사진부터 찍자."

"사진을 찍어서 중개플랫폼에 올려 임차인을 찾는다! 네, 찾아볼게요."

2030세대는 주로 스마트폰을 이용해 검색을 합니다. 임차인과 임대인을 연결하는 온라인 중개플랫폼의 앱들을 살펴볼게요.

다방: 원하는 지역의 지도로 매물의 위치와 주변시설(편의시설/ 안전시설, 학군 정보) 등의 정보를 한눈에 볼 수 있어요.

쉬운 방찾기 옵션

집주인이 올린 매물정보를 확인합니다.

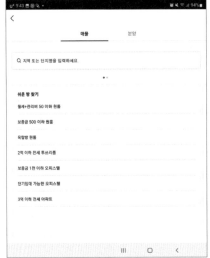

다음과 같이 방내놓기를 클릭하면 임대인 입장에서 전월세를 내놓을 수 있습니다. 광고는 무료이고 한 아이디로 1개의 매물만 등록이 가능합니다(가능한 사진이 많으면 좋습니다. PC로 등록하기를 추천해요).

피터팬의 좋은방 구하기: 역시 전월세를 찾는 앱이에요. 임차인과 임대인이 채팅을 주고받으며 묻고 답할 수 있어요.

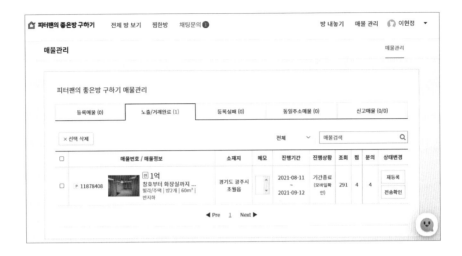

직방: 매물을 등록하면 인근 중개업소에 자동으로 등록돼요.

네이버부동산: 네이버부동산도 앱으로 볼 수 있습니다.

"엄마, ○○중개사라는 데서 연락이 왔어요. 중개사 매물로 올려도 되냐는 데요?"

"당연히 올려도 되지. 중개사들도 각자 매물을 확보하기 위해서 플랫폼을 이용하거든. 집주인이 올린 전월세를 거래해주고 수수료를 받는 거야."

"그럼 저도 중개수수료를 내야 하지요?"

"그렇지. 중개수수료가 아깝니?"

"수수료는 당연히 아까운 거 아닌가요? 직거래하면 안 드는 돈이잖아요."

"물론 그렇지. 하지만 중개사 없이 직거래로 임차인을 구하는 건 상당히 번 거로운 일이야. 까다로운 임차인의 요구와 조건을 맞추는 일이 쉽지 않거든. 물건이 멀리 있어도 수시로 집을 보여줘야 하고, 임차인이 다녀간 집을 정리하는 일도 필요하지. 이런 일들을 중개사님들이 해주는 거야. 베테랑 중개사를 만나면 임대가 훨씬 쉽게 이루어진단다."

"그렇군요. 중개사에 매물을 등록해도 된다고 얘기할게요."

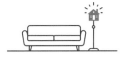

4,000만원짜리 집이
전세 1억원?

임차인이 선호하는 임차 조건

전세가 부족한 시기라 그런지 임차인의 거래문의는 계속 되었습니다. 주로 정부지원 전세자금대출을 이용하여 전세를 들어오고 싶어 하는 임차인들이 었지요. 대출이 가능하다면 바로 입주하겠다는 임차인이 네명이었습니다.

정부지원 전세대출상품 중 임차인이 선호하는 것은 다음과 같습니다.

주택도시기금(nhuf.molit.go.kr) 상품

• **중소기업취업청년 전월세보증금대출**: 중소기업 취업청년을 위한 전세자금 대출이며 금리는 연 1.2%, 대출가능금액은 1억원입니다.

- **버팀목전세자금대출**: 근로자 및 서민의 주거안정을 위한 전세자금대출으로 금리는 연 1.8~2.4%, 대출가능금액은 1억 2,000만원입니다.
- **신혼부부전용 전세자금**: 신혼부부(혼인기간 7년 이내 또는 3개월 이내 결혼예정자)로 금리는 연 1.2~2.1%, 대출가능금액은 2억원입니다.

정부지원 전세자금대출이 안 되면 일반은행에서 전세자금대출을 받을 수 있습니다(얼마 전 카카오뱅크에서는 소득이 없는 청년을 대상으로 전세자금대출을 실시하여 큰 인기를 끌었습니다).

"엄마, 오전에 집 본 사람이 계약하기로 했어요. 그런데 대출이 안 나오면 계약이 무효라는 특약을 넣어달라고 하는데요."

"해줘. 원래 계약이 무효가 되면 임차인은 계약금을 돌려받지 못해. 하지만 대출이 안 나오는 건 임차인의 변심이 아니잖아."

"그럼 대출이 나오는지 먼저 확인하고 계약해야 되지 않아요?"

"그러게나 말이야. 그런데 대출신청을 할 때, 계약하고 계약금까지 입금한 영수증이 필수서류거든. 이럴 때는 임대인과 임차인이 서로 양보하는 게 최선이야."

"네, 알겠어요. 그렇게 계약할게요."

임차인들은 입주를 원하는데 번번이 대출거절이 나왔습니다. 아들은 계약금을 받았다가 환불하기를 반복했지요. 은행의 거절 이유는 전세가에 비해 공시가가 너무 저렴하기 때문이었습니다. 정부지원 전세자금대출의 최대금액은 공시가의 150%까지입니다. 최근 급격하게 가격이 상승한 지역에서는 공시가와 시세의 차이가 큽니다. 이러한 경우 모자라는 금액만큼 임차인의 자금으로 내거나 월세로 받기도 합니다.

예를 들어 볼까요? 경기도에 1억원짜리 전세를 얻으려는 사람이 있습니다. 이 집의 공시가가 4,000만원이면 임차인은 전세자금대출을 최대 6,000만원까지 받을 수 있습니다. 이때 임대를 내는 방법은 세 가지입니다.

① 임차인은 6,000만원을 대출 받은 뒤 모자라는 4,000만원을 개인자금으로 충당하여 들어옵니다(임대인은 이 돈으로 대출을 갚습니다).
② 임차인이 전세 6,000만원에 월세 20만원 정도의 반전세로 계약합니다(이때 임대인은 대출을 전액상환하며, 임대인의 임대수익은 20만원입니다).
③ 임차인이 보증금 2,000만원에 월세 40만원 정도의 월세로 계약합니다(이 경우 임대인이 월세를 받아 이자를 내고 남는 돈은 30만원 정도입니다).

"전세 들어오겠다는 사람은 많은데, 정작 계약이 안 되네요. 어쩌죠?"

"안 되겠다. 월세로 바꾸자."

"월세는 괜찮아요?"

"보증금을 2,000만원에 월세 40만원으로 하자. 이 정도면 임대가 나갈 거야. 보증금 2,000만원이면 들어간 비용은 모두 회수할 수 있어. 월세 받아서 이자 내고 남는 돈은 임대소득이 될 거고. 그 돈 모아서 다음 집에 투자하자."

월세로 매물을 내고 며칠 지나지 않아 계약이 되었습니다. 바로 입주를 원하는 임차인이었기에 잔금과 입주까지 일사천리로 진행이 되었습니다.

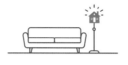

집주인이
하는 일

"엄마, ○○빌라에서 연락이 왔어요. 우리 집이랑 옆집 베란다에도 물이 찼대요. 하수도가 어딘가 막혔나봐요."

아들이 낙찰 받은 지하 빌라 하수도에 심각한 문제가 생겼습니다. 인테리어 공사를 할 때부터 문제의 소지가 있었던 곳인데, 부엌 쪽 베란다에 물이 차오르다가 빠지기를 반복했지요. 어찌어찌 공사를 마무리했는데, 하수구의 배수가 여전히 원활하지 않았습니다. 하수구에 찌꺼기가 많아서 배수구가 막혔나 싶어 전문가를 불러 배수관 청소를 해두었습니다. 임차인은 무사히 이사를 들어갔고 한동안 별문제가 없었습니다. 그런데 이번에 옆집까지 문제가 생겼다고 연락이 왔네요.

"임차인이 살고 있는 집에 문제가 생기면 바로 해결해 주어야 해. 임차인이 살기 불편하면 안 되지. 그분들은 우리 고객이거든."

물건이 가까운 곳에 있으면 문제를 해결하기에 한결 편합니다. 당장 현장으로 달려가 현장을 확인합니다. 집 베란다에 하수도가 역류하여 물이 가득합니다. 더러운 하수구 냄새가 코를 찌릅니다. 옆집에도 같은 증상이 나타나고 있습니다. 옆집의 현상도 우리가 공사한 이후 일어난 일이라니 대략 난감합니다. 더러운 오물을 닦아내고 흙을 제거해도 상태는 나아지지 않습니다. 불편할 임차인에게 사과와 양해의 말을 구하고, 하수구전문가를 불러 공사를 진행합니다.

두 명의 하수구 전문가가 문제를 해결하지 못하고 공사비만 받고 돌아가 버렸습니다. 이럴 때 참 난감하지요. 다행히도 이웃주민 덕분에 원인을 찾았습니다. 알고 보니 이 빌라에는 예전부터 하수역류 방지를 위한 모터가 있었더군요. 베란다에 설치된 모터의 전기코드가 공사하면서 빠진 것이었어요. 제대로 전기코드를 꽂은 후 모터가 작동하기 시작했고, 모든 상황이 정상으로 돌아왔습니다.

"아, 너무 귀찮고, 골치 아파요. 집주인이 쉬운 위치가 아니네요."
"흔히 집주인은 불로소득을 갖는다고 하지? 아니야. 우린 감정노동도 하는 근로소득자라고."
"건물주도 이럴까요? 아! 큰 건물이면 관리인이 있겠네요."
"관리인을 둘 정도면 꽤 자산을 이루었겠는걸. 어쨌든 집주인은 집을 제대로 관리해야 해. 도의 문제가 아니라 법으로도 그렇게 하도록 되어 있거든."

"집을 임대하다 보면 별의별 일들이 다 있겠어요."

"집주인은 다양한 문제를 만나고 해결해야 해. 문제의 원인을 확인하고 해결하는 데는 비용과 시간이 들기 마련이지."

"집주인은 시간과 비용을 들여 문제를 해결하고, 임차인이 잘 머물 수 있도록 관리할 의무가 있다! 알겠어요. 그런데 전등이 나갔다고 갈아달라는 임차인의 요구까지 들어줘야 하나요?"

"임차인과 집주인의 법적 의무는 어디까지일까? 각자의 의무에 대해 이야기해줄게."

임차인에게는 원상회복의 의무가 있습니다

임차인에게는 계약기간이 끝날 때, 집을 임대를 시작하던 상태 그대로 집주인에게 반환할 의무가 있습니다. 집의 가치를 하락시킬 정도의 큰 손상이라면 원상회복을 해야 합니다. 대형 TV를 설치하기 위하여 못을 박아 벽을 손상하거나, 세입자의 부주의로 인해 발생한 마루파임 등은 세입자가 원래 상태로 복구해야 합니다.

하지만 벽에 뚫린 모든 구멍을 세입자가 원상회복해야 하는 것은 아닙니다. 민법 제615조에 따르면 일상생활에서 자연스럽게 발생하는 [통상의 손모]인 경우에는 임차인의 원상회복 의무에서 배제된다는 대법원 판례가 있기 때문입니다. [통상의 손모]란 일상생활에서 발생할 수 있는 사소한 손상이나 마모인데, 범위가 명확하게 규정되어 있지는 않습니다. 적당한 선에서 임대인과 임차인이 서로 양해하는 편이 좋겠지요.

하지만 분쟁이 발생한다면 주택관리공단에서 발표한 '임대주택 수선비부담 및 원상회복 기준'을 참고할 수 있습니다. 원상회복 기준에 의하면, 압정이나 핀 등으로 인한 작은 구멍자국이나, 누수 등 집의 중대한 하자로 인하여 생긴 벽지오염은 세입자의 책임이 아니라고 봅니다. 임차인의 책임이 없이 발생한 손상이나 마모에 대해서는 집주인이 책임져야 합니다. 반대로 세입자가 무거운 물건을 옮기면서 발생한 바닥 훼손이나 흡연에 의한 벽지 변색, 일반적인 상식수준을 벗어나는 과도한 못 박기나 벽을 뚫는 행위 등은 세입자가 수선비를 부담해야 합니다.

임차인이 집을 엉망으로 만들어 놓고, 원상회복 없이 그대로 이사를 가겠다고 하면 어떻게 해야 할까요? 결론적으로 말하면, 임차인이 집을 원상태로 돌려놓기 전까지 집주인은 보증금 반환을 거부할 수 있습니다. 세입자의 원상회복 의무와 집주인의 보증금 반환 의무는 동시에 이행해야 합니다. 다만, 세입자의 원상회복 의무와 집주인의 보증금 반환 의무가 공평한 경우에만 동시이행 관계가 성립됩니다. 즉, 세입자의 원상회복 비용이 매우 적다면, 거액의 임대보증금과 공평한 관계로 볼 수 없습니다.

임대인에게는 수선의 의무가 있습니다

집주인은 임대차 계약이 지속되는 동안 임차인이 주택을 목적에 맞게 사용할 수 있도록 상태를 유지할 의무를 집니다. 집에 곰팡이가 심각하여 임차인의 생활이 불가능할 정도라면 집주인은 도배를 새로 해주거나 곰팡이 발생 억제를 위한 조치를 취해 주어야 합니다. 이번 경우처럼 배수관이 역류하여 악취가 심각한 상태라면 임대인은 당연히 보수해 주어야 합니다. 이로 인해 임차인에게 피해가 발생했다면, 보증금을 감액하거나 발생한 손해를 배상할 수도 있습니다.

분쟁이 폭발하는 「임대차 3법」

2020년 7월 31일 「임대차 3법」이 도입된 이후로 임대인과 임차인 간에 분쟁이 폭발하고 있습니다. 「임대차 3법」은 전월세상한제와 계약갱신청구권을 도입하는 「주택임대차보호법」 개정안입니다. 임차인은 집주인에게 전월세 계약을 한 차례 더 연장하자고 요구할 수 있고, 집주인은 실거주 등 특별한 이유가 없을 경우 이를 받아들여야만 합니다. 임대료도 종전 계약금의 5% 이내에서만 올릴 수 있습니다. 집주인의 갱신거절 예외규정이 있는데 집주인은 실거주를 이유로 계약기간이 끝난 임차인에게 집을 비우라고 요구할 수 있고, 임차인은 집주인이 실제로 실거주를 하지 않으면 소송을 하기도 합니다. 또, 임대료를 올리지 못하는 집주인은 고장 난 집을 고쳐야 하는 수선의무를 저버리기도 합니다. 임대료를 올리지도 못하는데 집수리까지 해줄 필요가 없다는 것이지요.

어찌나 분쟁이 많은지 국토교통부와 법무부는 [주택임대차분쟁 조정사례집]을 발간하기도 했습니다. 기관별 분쟁 접수 및 조정 현황을 살펴보면 2020년 11월에서 2021년 8월까지 총 1,662건의 임대차 분쟁이 접수됐습니다. 주요 분쟁 유형에는 보증금 증감, 계약갱신, 손해배상청구, 보증금 및 주택 반환, 계약의 해석, 유지보수 의무 등이 있습니다. 접수된 분쟁 외에도 한국부동산원과 한국토지주택공사(LH)에 상담신청이 들어온 건수가 1만 6,867건이라니 얼마나 분쟁이 많은지 알 수 있습니다. 「임대차 3법」은 여전히 분쟁의 빌미로 남아 있습니다.

"서로 조금씩 양보하면 집주인과 임차인 모두에게 좋을 것 같아요."

"그래, 법은 법이고 사람은 사람이니까. 내가 하나를 양보하면 상대도 그러게 되거든. 네가 좋은 집주인이 되면 임차인도 좋은 임차인이 될 거야."

부동산 투자를 잘하는 사람은
어떤 사람인가요?

、،, 태생부터 투자를 잘하는 사람은 없다

성공한 사람들을 만나면 '저 사람들은 무엇을 해도 성공했겠다' 하는 생각이 들더군요. 성공한 사람들에게는 공통점이 있습니다. 특히 부동산 투자를 잘해서 성공한 사람들의 공통점을 세 가지 정도만 꼽아볼게요.

1. 새로운 도전에 거리낌이 없습니다

누구나 처음이 있습니다. 부동산도 처음으로 투자하는 순간이 있지요. 안 해본 일은 어렵기 마련입니다. 부동산 투자를 잘하는 사람들은 실패가 두려워서 피하지 않습니다. 일단 한번 시도해 보는 스타일입니다. 이들은 치명적인 실패만 아니라면 경험으로 배우는 것이 많다는 것을 잘 압니다.

2. 공부는 필수입니다

무조건 앞으로 나가려고만 하다가는 가진 종잣돈마저 잃고 말 것입니다. 모르는 것은 배워야 합니다. 성공하는 투자자들은 배움을 멈추지 않습니다. 부동산의 배움은 끝이 없습니다.

주거용 물건에 대해 알게 되면, 그다음엔 상가의 상권을 알아야 합니다. 토지의 공법과 「건축법」을 알면 할 수 있는 영역이 더 많아집니다. 부동산 투자를 잘하는 사람들은 변화하는 부동산 시장과 세밀해진 세금까지 매번 새로운 정보를 놓치지 않습니다.

3. 세상을 긍정적으로 바라봅니다

투자의 세계는 그리 녹록하지 않습니다. 원하는 시기에 원하는 대로 이루어지지 않는 법입니다. 안정적인 수익원에서 벗어나 투자의 범위를 넓힐수록 위기의 순간은 수시로 찾아옵니다. 성공하는 투자자들은 좌절하거나 포기하지 않습니다. 반드시 방법을 찾아 위기를 기회로 전환합니다. 이때 세상에 대한 긍정적인 태도는 필수입니다. 부동산 투자를 잘하는 사람들에게는 위기의 순간에 도움을 받을 수 있는 조력자가 있습니다. 이들 역시 조력자를 돕는 일을 마다하지 않습니다(나만 이익을 보는 이기적인 투자자도 있기는 합니다만, 그들은 위기에 쓰러지더군요).

독자님은 어떤 분인가요? 이 세 가지 요건을 갖추었다면, 성공하는 투자자가 될 가능성이 충분합니다.

CHAPTER 5

미래의 부동산

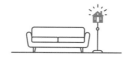

집값이 떨어지면
어떻게 될까?

"그런데 엄마, 저 궁금한 거 있어요. 요새 경제가 안 좋다고 하더라고요."

"맞아, 국제 원자잿값이 천정부지로 치솟고, 물가도 고공행진이야."

"가계부채도 심각하다던데, 그러다가 집값이 떨어지면 어떻게 되는 거죠? 저 이제 막 집을 샀잖아요. 혹시 저 망할 수도 있는 거 아니에요?"

"네가 지금 걱정이 되는구나. 한번 생각해보자. 집값이 떨어지면 어떤 일이 벌어질까?"

"제가 은행에서 빌린 돈도 갚아야 하고, 임차인한테 보증금도 돌려줘야 하잖아요. 집값이 떨어져서 전 빚더미에 올라앉으면 어떡해요?"

"글쎄…. 부동산 가격 하락은 집주인만의 문제가 아니야. 은행은 빌려준 돈을 받지 못하고, 임차인은 보증금을 돌려받지 못하겠지. 은행과 임차인이 할

미래의 부동산

수 있는 일은 집주인의 집을 경매로 처분하는 것밖에 없을 거야. 모두에게 손해가 심각해지겠지. 여기에는 부동산에 관한 세금으로 국가를 운영하는 정부도 엮여 있어."

"집값이 하락하면 집주인만 손해 보는 게 아니군요."

"사실 네 상황이라면, 집값이 하락하더라도 치명적인 문제는 없을 거야."

"네? 어떻게요?"

"은행 대출금 3,200만원에 임차인 보증금이 2,000만원이잖아. 부동산 경기가 안 좋아서 집이 경매로 넘어간다고 해도 최소 5,200만원 이상으로만 낙찰되면 누구에게도 피해가 없겠지. 지금 전세가가 1억이니까 낙찰가가 5,200만원은 넘을 거야. 더 높은 가격에 낙찰되면 집주인에게도 배당이 된단다. 어때? 이제 걱정이 덜하니?"

"아하! 그럼 안심이네요. 괜한 걱정이었네요. 뉴스를 보니 심란한 마음이 들었거든요."

부동산 경기 예측 자료

TV나 인터넷에서 경제 뉴스를 보면 내일 당장이라도 무슨 일이 일어날 것 같습니다. 부동산 가격이 언제 하락할지 그 시기를 어떻게 예측할 수 있을까요? 확실하다고 말할 수는 없지만, 부동산 시장의 전반적인 흐름을 판단할 수 있는 몇 가지 지표들이 있습니다.

❶ 매매가격 전망지수(KB부동산)

국민은행이 온라인으로 운영하는 KB부동산에서는 매월 '월간 시계열 자료'를 제공합니다. 부동산 시장의 흐름을 파악하는데 유용한 자료들이 많은데, 그중 [매매가격 전망지수]는 표본 중개업소를 대상으로 한 설문조사로 만들어진 통계입니다. 0~200 범위 내에서 100을 초과할수록 '상승' 비중이 높은 지역입니다. 2022년 4월 서울의 매매가격 전망지수가 98.1이라면, 하락할 가능성이 높다고 평가하는 중개사가 많다는 의미입니다.

KB부동산 매매가격 전망지수
KB Real Estate Prediction Index for apartment price after 3 months

	전국 Total						서울 Seoul					
	크게상승	약간상승	보통	약간하락	크게하락	KB부동산 매매전망지수	크게상승	약간상승	보통	약간하락	크게하락	KB부동산 매매전망지수
	Sharp increase	Slight increase	Flat	Slight decrease	Sharp decrease	Realtor Prediction Index	Sharp increase	Slight increase	Flat	Slight decrease	Sharp decrease	Realtor Prediction Index
7	0.7	42.2	54.1	2.9	0.1	**120.2**	0.7	45.7	52.4	1.0	0.3	**122.8**
8	1.2	49.5	47.3	1.8	0.2	**124.9**	1.1	50.7	47.3	0.7	0.2	**125.9**
9	0.9	45.5	51.1	2.4	0.1	**122.3**	1.3	44.6	52.3	1.6	0.3	**122.5**
10	0.3	33.3	61.8	4.5	0.0	**114.7**	0.2	30.0	65.4	4.3	0.1	**113.0**
11	0.1	13.5	71.5	14.8	0.1	**99.3**	0.0	8.9	70.7	20.1	0.3	**94.1**
12	0.1	8.3	69.5	21.9	0.2	**93.1**	0.1	4.7	67.7	27.5	0.1	**88.6**
'22.1	0.0	5.4	65.9	28.3	0.4	**88.1**	0.0	3.5	65.3	30.6	0.6	**85.9**
2	0.0	4.6	64.4	30.4	0.5	**86.7**	0.0	2.1	62.3	35.2	0.4	**83.0**
3	0.0	8.5	71.1	20.1	0.2	**94.0**	0.0	5.7	70.3	23.5	0.5	**90.6**
4	0.1	10.0	70.7	19.1	0.1	**95.4**	0.0	9.9	76.4	13.7	0.0	**98.1**

❷ 매수우위지수(KB부동산)

매수우위지수란 100을 기준으로 100보다 크면 매수자가 많다는 뜻이고, 100보다 작으면 매도자가 많다는 뜻입니다. 사고자 하는 매수자가 팔고자 하는 매도자보다 많을 경우 집값이 오를 수밖에 없지요. 어떤 지역의 매수우위지수가 높은지 확인할 수 있습니다. 2021년 9월에는 매수자가 많았지만, 2022년 4월에는 매도자가 더 많습니다. 대선이 끝난 4월부터 매수우위가 다소 올라간 것을 알 수 있습니다.

	전국 Total				서울 Seoul			
	매도자 많음	**매수자 많음**	**비슷함**	**매수우위지수**	**매도자 많음**	**매수자 많음**	**비슷함**	**매수우위지수**
	Seller's No.> Buyer's No.	Seller's No.< Buyer's No.	Seller's No.≈ Buyer's No.	Buyer Superiority Index	Seller's No.> Buyer's No.	Seller's No.< Buyer's No.	Seller's No.≈ Buyer's No.	Buyer Superiority Index
9	17.1	25.4	57.6	108.3	11.8	18.0	70.2	106.2
10	19.2	19.1	61.7	99.9	15.3	11.8	72.8	96.5
11	32.5	8.0	59.5	75.5	36.5	3.4	60.0	66.9
12	42.8	4.9	52.3	62.0	47.8	2.5	49.7	54.6
'22.1	50.5	3.1	46.5	52.6	46.1	1.8	52.1	55.6
2	53.3	3.4	43.3	50.1	46.6	2.1	51.3	55.5
3	53.8	4.2	42.0	50.4	47.1	3.0	49.9	55.9
4	53.5	5.0	41.5	51.5	42.5	3.8	53.6	61.3

매수자/매도자 동향
Trends on the Sell / Buy activities by region

❸ 미분양 통계(국토교통부)

어떤 지역이 오를지 여부를 확인하고 싶을 때 해당 지역의 '신규주택 미분양 현황'을 확인하기도 합니다. 미분양이 많다는 것은 수요에 비해 공급이 많고, 결

국 부동산 가격 하락으로 이어질 가능성이 높다는 뜻입니다. 미분양이 없다면 공급이 부족하기 때문에 부동산 가격이 상승할 가능성이 높습니다.

❹ 청약 경쟁률(한국부동산원 청약홈)

청약 경쟁률이 높은 지역은 신축 아파트에 대한 수요가 많습니다. 사람들이 그 지역에 관심이 높다는 것을 나타내지요. 반면

청약 경쟁률이 낮거나 미달로 마감된 곳은 이미 공급이 많다는 뜻입니다. 청약이 미달된 지역은 한동안 집값 상승을 기대하기 어렵습니다.

❺ 주택 거래량(국토교통부)

주택 거래량은 집을 사고자 하는 수요자의 관심을 파악할 수 있는 좋은 지표 중 하나입니다. 거래량이 늘어난다는 것은 부동산에 관심 있는 수요가 많다는 뜻입니다. 집값이 상승하는 시기에는 거래량도 늘어나곤 합니다. 집값 상승에 대한 피로감, 대출 규제와 금리 인상에 대한 부담감은 거래량이 줄어들게 합니다.

이 글을 쓰는 지금 국제 유가와 원자재 가격이 위태롭게 상승하고 있습니다. 석유 한 방울 나지 않는 우리나라의 유가상승은 고물가로 이어집니다. 소비자물가는 이미 10년 전 최고치를 넘어섰습니다. 물가가 오르면 상대적으로 돈의 가치는 떨어지게 마련이지요. 같은 돈으로 살 수 있는 물건이 줄어드니 소비도 줄고, 투자도 줄고, 기업에서는 고용까지 못 하게 됩니다.

상황이 이 정도로 악화하기 전에 정부가 나서야 하겠지요. 고물가에 대응하는 기본 정책 수단은 기준금리 인상입니다. 하지만 금리를 인상하면 경기회복에는 부담이 됩니다. 금리를 인상하면 가계부채에 영향을 줍니다. 대출을 잔뜩 받아 집을 산 집주인은 매달 내던 이자가 늘어나고, 그에 따라 어떤 집주인은 대출이자를 갚아 나가기 힘들어집니다. 대출이자를 내지 못하면 채권자인 은행은 경매를 신청하고, 집주인은 경매로 집을 매각하여 빚을 갚습

니다. 불황일 때 경매로 처분하는 물건이 많아집니다. 입찰하는 누군가에게
는 부동산을 저렴하게 살 기회가 되기도 하지요. 세계경제 상황이나 금리인
상 등의 환경은 개인이 제어하기 힘든 영역입니다. 우리는 어떤 상황이 닥치
든 자신에게 유리한 방향으로 적응하려고 노력할 뿐입니다.

그동안 부동산 가격이 너무 올라서 살 기회를 잃었다면, 하락 시기가 왔을
때 놓치지 않고 적극적으로 취득해야 할 것입니다. 그런 다음 부동산 상승 시
기가 돌아왔을 때 저렴하게 산 부동산을 매각하면 시세차익을 얻을 수 있습
니다.

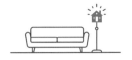

집값이 더 오르면
어떻게 될까?

2017년 6월 19일 정부는 LTV, DTI 비율을 낮춘 부동산 대책을 시작으로 부동산 가격상승을 멈추게 하기 위해 온갖 규제를 내놓았습니다. 공급이 부족한 서울의 아파트 가격은 정부의 강한 규제 속에서도 가파르게 상승을 거듭했습니다. 아이러니하게도 정부가 새로 규제지역을 지정하면, 그곳은 더 올랐습니다. 고가주택에 대해 전면 대출을 제한하면, 사람들은 현금을 들고 집을 샀습니다. 전세로 살던 3040세대는 영혼까지 탈탈 털어 대출을 끌어오는 영끌로 내 집 마련 행렬에 합류했습니다. 사람들은 지금이 아니면 영영 내 집 마련을 할 수 없을 것이라는 불안감에 휩싸였지요.

"엄마, 영영 집을 못 산다면 끔찍한 기분일 것 같아요. 집이 없으면… 그럼 평생 어디서 살아야 하죠?"

"정부는 임대주택을 지어 공급하겠다고 했어. 실제로 지어 공급했지."

"평생 살 수 있다면 그것도 괜찮을 거 같은데요."

"그런데 그 집이 네가 만족할 만한 수준이 아니니까 문제야. 가치 있는 물건은 그만한 대가를 치러야 하는 법이지."

"그래도 정부가 저렴하게 살게 해주면, 적어도 집 걱정은 안 할 수 있잖아요. 왜 그 집에 들어가 살지 않지요?"

"임대용 집에서 살기 위해서는 가난한 상태를 유지해야 해. 소득과 자산이 늘면 그 집에서 나와야 하거든. 엄마가 질문 하나 할게. 임대주택에 살면서 가난하게 살래, 월세라도 살면서 돈 벌어 부자가 될래? 넌 어떤 선택을 할 거니?"

"말도 안 돼! 전 부자로 살 거예요. 임대주택에서는 못 살 것 같아요."

부동산 가격이 상승할수록 복지 사각지대에 있는 사람들을 위한 주거공간이 필요합니다. 하지만 아직 기회가 있는 젊은 우리 자녀들은 주거의 편의성을 이유로 이곳에 오래 머물러서는 안 됩니다. 정부지원에 매달려 가난에 발목 잡혀서는 안 됩니다. 작고 허름하더라도 가능한 한 빠른 시기에 자신의 부동산을 가져야 합니다. 내 집이 없으면 전월세로 살아야 하니까요. 알면서도 부동산 가격이 지나치게 상승해 내 집을 갖지 못한 사람들의 박탈감은 불평등을 뛰어넘는 감정입니다.

그렇다면 부동산 가격이 올랐을 때, 집 가진 사람들은 어땠을까요? 우리나라에는 자기 집을 가진 사람이 60%가 넘습니다(자가보유율 61%). 그렇다면 적어도 60%의 사람들은 행복해져야 하지 않을까요? 그런데, 집주인들도 행복하지 않다고 합니다. 이유가 무엇일까요?

첫 번째, 집값이 올랐지만 집을 팔지 않고 그대로 사는 동안에는 달라지는 것이 없기 때문입니다. 특히, 집값이 올라 종부세를 내야 하는 집주인들이 대폭 늘었습니다. 2021년에는 서울 집주인 5명 중 1명이 종부세를 냈습니다.

두 번째, 내 집만 오른 게 아니기 때문입니다. 이 집을 팔아 다른 곳으로 이사를 갈 수가 없습니다. 우리 집이 1억원이 오르는 동안 내가 이사 가고 싶은 동네는 10억원이 올랐거든요. 내 집 가격이 올랐지만 왠지 손해 본 느낌입니다.

세 번째, 본업에서 열심히 일한 사람들이 박탈감을 느끼기 때문입니다.

"참 열심히 살았는데, 억울한 느낌이 들었어요. 아직까지 부동산도 모르고 뭐 했을까요?"

사람들이 본업에 집중하기보다 투자하느라 바빠집니다. 본업에서 버는 돈보다 투자로 수익을 더 많이 낼 수 있으니까요. 기업도 마찬가지입니다. 금융감독원 전자공시시스템에 따르면 2022년 1월부터 4월까지 4개월간 국내 상장사가 토지·건물을 매입한 금액은 약 9,714억원(2021년에는 총 31건의 공시가 있었고 총거래금액은 약 9,824억원)이었습니다. 기업의 부동산 투자 목적도 개인과 다르지 않습니다. 업무공간, 사옥 건설, 임대 수익창출이 목적입니다.

KB금융지주 경영연구소가 발간한 '2021 한국 부자 보고서'에 따르면 2021년 기준으로 금융자산이 10억원 이상인 한국 부자는 모두 39만 3,000명, 전체 인구의 0.76%로 추정됐습니다. 통계청이 발표한 '2021 사회조사' 결과에 따르면 19세 이상 인구 중 우리 사회에서 노력한다면 본인 세대에서 개인의 사회·경제적 지위가 올라갈 가능성이 '높다'고 생각하는 사람은 25.2%에 그쳤습니다. 본인이 하위층이라고 생각하는 사람 중 65%는 계층 이동 가능성이 적다고 생각했습니다.

"부동산이 올라도, 내려도 문제네요. 그럼 부동산은 하락해야 하나요, 상승해야 하나요?"

"가장 이상적인 모습은 천천히 상승하는 거야."

"천천히라는 게 무슨 뜻이죠?"

"자본주의에 대해 엄마가 이야기했었지? 자본주의는 성장을 기본으로 하고 성장은 인플레를 만들지. 부동산이 인플레 수준의 속도로 상승하면 딱 좋아."

"급여도 오르고, 집 가격도 급여 수준으로 오르면 누구나 집을 살 수 있겠어요."

"바로 그거야. 지금 아니면 가질 수 없다고 느낄 때 사람들은 더 몰려들게 마련이거든. 포켓몬 빵이나 한정판 운동화가 그렇잖아. 집도 마찬가지야. 지금 사지 않으면 안 될 것 같고, 앞으로 더 오를 것 같은 불안감이 집값을 더 올리는 거지."

"딱 10년만 돈을 모아서 누구나 집을 살 수 있게 되면 좋겠어요."

아들의 말처럼 집값이 안정되어서 누구나 원할 때 집을 살 수 있는 날이 오길 바랍니다.

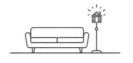

아이들이 살아갈
세상의 집

미래학자들은 머지않아 '스마트시티'라는 새로운 유형의 도시가 생겨날 것으로 예측합니다. 스마트시티란 언제 어디서나 인터넷 접속이 가능하고 첨단 IT기술을 자유롭게 사용할 수 있는 미래형 첨단 도시입니다.

스마트시티에서는 도시 인프라가 하나로 연결됩니다. 지하철과 자율버스, 트램을 이용하므로 자동차가 필요없습니다. 집안일은 원격조정시스템으로 관리하고, 쓰레기는 투입구에 넣으면 한곳으로 모여 처리됩니다. 인공지능, 사물인터넷, 빅데이터를 이용하여 쓰레기와 교통문제를 해결합니다. 태양열과 재생에너지로 에너지와 환경문제도 해결됩니다.

먼 미래의 이야기가 아닙니다. 핀란드 헬싱키의 마을 칼라사타마에서는 이미 현실입니다.

우리나라에도 부산과 세종에 스마트시티가 조성되었습니다. 에코델타 스마트시티는 부산 강서구 일대에 여의도 4배 규모인 280만 m²로 조성되며, 2028년 완공이 목표입니다. 도시 전체에서 각종 첨단 기술이 구현되는 세계 최초의 미래형 도시입니다. 스마트시티에서 구현될 신기술은 전체 56세대 스마트빌리지에 시범적으로 적용됩니다.

스마트빌리지의 각 세대는 태양광을 통해 필요한 전기를 자체에서 생산하고 소비합니다. 친환경 스마트농장에서 먹거리를 얻고, 정수기 대신 스마트정수장에서 생산한 물을 마십니다. 스마트밴드가 건강을 계속 점검하고, AI 인공지능 시스템이 병원 진료 여부를 결정합니다. 스마트빌리지에서는 입주민들이 직접 생활하면서 문제점들을 확인 및 보완한 사항을 에코델타 스마트시티에 확대 적용할 계획입니다.

전문가들은 앞으로 기술을 알고 자본을 가진 사람과 그렇지 못한 사람으로 나뉠 것이라고 경고합니다. 지금도 우리는 다양한 SNS로 데이터를 만들어 내고 있습니다. 그런데 정작 돈은 데이터를 소유한 대기업이 벌고 있지요. 이상적인 미래에서는 도시의 사람이 움직이고 생활하는 모든 데이터가 돈이 될 것입니다. 데이터를 만들어 내는 것만으로 기본소득이 되는 거지요. 개인은 데이터를 생산하고, 자본가와 기업은 데이터를 구매하는 세상이 올 것입니다.

"어때? 스마트한 세상이 오면 더 이상 부동산을 알지 않아도 될까?"

"음, 더 많이 알아야 할 것 같은데요. 투자를 넘어서서 IOT(사물인터넷)를 제공하는 사람이 더 가치 있지 않을까요?"

"그렇지. 세상은 가치 있는 것을 창조하고 제공하는 사람에게 환호하기 마련이야."

"그때는 정부가 집을 다 나눠줄까요? 가난한 사람만이 아니라 모두에게요."

"글쎄, 과연 사람들이 정부가 주는 집에서 살고 싶어 할까?"

"스마트한 집이라면 전 살고 싶을 것 같아요."

"사람들은 내 집을 갖고 싶어 해. 인간뿐이 아니야. 다 자기 집을 가지려고 하지. 우리 집 반려견 아장이도 제자리가 있잖아. 제자리를 뺏으면 무척이나 싫어하지. 그게 본능이야. 내 것이 아닌 집에서는 언제든 쫓겨날 수 있으니까."

"그렇네요. 하긴 개미도 개미집이 있듯이 자기 집을 가지고 싶은 게 본능이군요."

"많은 사람들이 모여 사는 곳에 끼어들어서 살고 싶은 것도 인간의 본능일지도 몰라. 서울에서 멀리 떨어진 곳에 멋진 스마트도시를 만들어도 가지 않는 사람이 더 많을걸."

양질의 일자리와 편의시설이 있는 서울이나 수도권과 같은 도시가 많아진다면 어떨까요? 온라인으로만 일을 해서 어디서든 살 수 있다면 어떨까요? 쾌적한 숲세권에서 활동할 수 있고, 특색 있고 개성 있는 도시에서 살 수 있다면 어떨까요? 이동할 때 자동차가 필요없고, GTX 같은 교통수단을 이용하여 이동하지 않고도 도시 내에서 원하는 것을 모두 얻을 수 있다면 어떨까요?

미래는 꿈꾸는 사람들이 늘 만들어 왔습니다. 우리 아이들이 살아갈 미래에는 스마트한 도시에서 누구나 삶을 누릴 수 있기를 꿈꾸어 봅니다.

매일
듣는
질문

지금 부동산 투자하기에는
너무 늦은 것 아닌가요?

`\।/` 시장에 따라 맞는 투자법을 익히면 된다

제가 경매를 시작한 때는 부동산이 계속 하락하던 때였어요. 돈이 없어도 돈을 벌 수 있다는 경매에 일단 발을 들여놓긴 했는데, 막상 부동산 투자를 시작하려고 하니 주위에서 다들 말리더군요.

"집 사면 다 망하는 거 몰라?"

"경매도 이제 끝났어요!"

뉴스에서 하루가 멀다 하고 나오는 하우스푸어 이야기에, 경매의 위험성에 대한 이슈가 끊이지 않던 시절이었습니다. 현장에서 경매하던 분들께 저도 여쭈어봤어요.

"경매는 끝났다던데, 지금 경매해도 되나요?"

"예전 같지는 않아요. 그렇지만 돈 없이 이만큼 돈 버는 일이 또 있나요?"

지나고서야 알게 되었지요. 부동산 투자, 경매는 끝났다던 그때가 완벽한 타이밍이었다는 것을요. 부동산은 입지라고 하는데, 사실 더 중요한 것은 타이밍입니다. 저렴할 때 사서 오를 때 파는 가장 기본적인 원칙이 진리입니다. 문제는 그 당시에는 어디쯤 와 있는지 알 수 없다는 것이지요. 앞으로 시장이 상승할지 하락할지는 누구도 알 수 없습니다(물론 연구를 거듭해서 예측하려고 노력은 합니다만).

부동산 시장이 변화하면 투자방법도 변해야 합니다. 상승기에는 뭐든 좋습니다. 가진 자금 한도 내에서 투자하세요. 자금이 넉넉하면 안전한 서울 아파트에 투자합니다. 자금이 부족하면 오피스텔이나 빌라, 지방 아파트에 투자하면 됩니다. 시장이 좋을 때는 어디에 투자하더라도 수익을 얻을 수 있습니다. 다만, 이 시기에 너무 무리하지는 마세요. 되돌아보면 일명 집 가진 거지, 하우스푸어는 상승장에서 과도하게 대출 받은 사람들이었습니다.

반대로 부동산 하락기에는 시세차익을 기대하기 어렵습니다. 물건을 내놓아도 잘 팔리지 않습니다. 이 시기에는 시세차익보다 임대수익을 목적으로 투자합니다. 당장 팔지 않고도 수익을 낼 수 있습니다. 시간이 지나 하락기가 지나면 제 값을 받을 수 있을 것입니다. 이 시기에는 경매 낙찰가도 낮아 더 저렴하게 물건을 취득할 수 있습니다. 돌이켜보면 이럴 때가 늘 기회의 시기였습니다. 다음 기회가 또 올 것입니다. 놓치지 마세요!

엄마, 저는 앞으로
어떤 투자를 할 수 있을까요?

"임차인이 들어온 지 벌써 6개월이 되었네요. 투자를 더 하고 싶어요."

"그건 쉽지 않은데."

"왜요? 세금 때문인가요?"

"현재 정부에서는 1가구당 1주택만 가지게 하려는 정책을 펴고 있거든. 집이 없는 사람은 대출도 잘 나오고, 집이 한 채인 사람은 집을 팔아서 이익이 남아도 세금을 하나도 안 내도 돼. 그런데 집이 두 채 이상이 되면 그때부터 곤란해지지."

"그럼 저는 평생 집을 한 채만 가져야 해요?"

"음, 그건 선택의 문제야. 세금을 많이 내고 부동산을 여러 채 가질 것인가, 한 채로 만족할 것인가."

"저는 계속 투자하고 싶어요. 임대사업자도 하고, 건물주도 하고 싶거든요.

세금은… 많이 벌어서 그냥 내죠, 뭐."

"오! 좋은 마인드인걸. 엄마도 같은 생각이야. 부를 이룬 사람들은 자산을 늘리는 것에 한계를 두지 않아."

"그럼 바로 두 번째 집 투자를 시작할까요?"

"글쎄, 지금 바로 두 번째 집 투자를 시작하면 어떤 일이 생기는지 알려줄게. 무주택자에게는 대출도 최대 70%까지 가능하고, 2년만 보유하면 팔 때 세금이 없어(단, 규제지역에서는 2년 동안 거주해야 하고, 양도 당시 9억원 이상일 때는 세금을 내야 해). 너는 비규제지역에 집을 샀으니까 2년 동안 보유하고 팔면 세금을 내지 않을 거야. 그런데 지금 집을 한 채 더 사서 2주택자가 되면 그런 혜택을 더 이상 받을 수 없어. 두 번째 집을 살 때는 대출도 안 나오고, 첫 번째 집을 팔 때도 세금을 내야 하지."

"2년만 가지고 있다가 팔면 세금이 안 나오는 거예요?"

"맞아, 한 푼도 안 내도 돼."

"만약 양도세 면제 조건이 안 되어서 세금을 제대로 내야 하면 얼마나 내야 돼요?"

"취득금액이 4,100만원이잖아. 취득세 등은 취득비용으로 인정해 주지만, 인테리어를 할 때 드는 비용은 취득비용으로 계산해 주지도 않아."

"인테리어 비용이 비용으로 처리가 안 된다고요?"

"응, 중대한 보수가 아니면 세금에서는 비용처리가 안 돼. 1억에 판다고 하면 양도차익이 약 5,600만원이니까 내야 할 세금은 780만원 정도 되지."

"아, 세금이 너무 많네요."

양도소득세 간편계산 입력 부동산 양도분에 한함

● 기본사항

* 양도일자	2022 ▾ 년 6 ▾ 월 22 ▾ 일	양도일자를 입력하여 주십시오
* 취득일자	2020 ▾ 년 6 ▾ 월 1 ▾ 일	부동산을 산 날로 잔금을 지급한 날입니다.
* 양도물건종류	○ 토지 ● 주택 ○ 고가주택 (1세대 1주택) ○ 기타	토지, 주택(일반주택, 다세대, 아파트 등), 기타(일반건물 등)로 구분합니다.

● 거래금액 ※ 고가주택을 공동소유한 경우 본인 지분에 해당하는 금액을 입력합니다.

* 양도가액	100,000,000 원		부동산을 팔면서 실제로 받은 금액입니다.
* 취득가액	43,051,000 원	닫기	취득가액계산 상세 명세서에 입력금액의 합계입니다. 조회 버튼을 클릭하시면 상세내역을 입력할 수 있습니다.
매입가액	41,000,000 원		부동산을 사면서 실제로 지급한 금액입니다.
취득세	451,000 원		부동산을 사면서 지방자치단체에 납부한 취득세 금액입니다.
등록세	100,000 원		부동산을 사면서 지방자치단체에 납부한 등록세 금액입니다.
법무사비용	1,000,000 원		부동산을 취득하기 위해 법무사에게 지급한 금액입니다.
취득중개수수료	500,000 원		부동산을 취득하기 위해 공인중개사에게 지급한 금액입니다.
기타	원		취득시 쟁송으로 인한 소송비용, 인지대 등 취득에 소용된 비용입니다.
기타필요경비	0 원	조회	기타필요경비 상세 명세서에 입력금액의 합계입니다. 조회 버튼을 클릭하시면 상세내역을 입력할 수 있습니다.
양도소득기본공제	2,500,000 원		해당 과세기간의 양도소득금액에서 인별로 연간 250만원 공제됩니다.

※ 1인당 연간 250만원 한도임

양도소득세 간편 계산 (부동산)

구분		일반세율(6~45%) [1-10]	비고
① 소재지			
② 양도가액		100,000,000	양도일자 : 2022-06-22
③ 취득가액		43,051,000	취득일자 : 2020-06-01
④ 필요경비		0	
양도차익	⑤ 전체양도차익	56,949,000	② - ③ - ④
	⑥ 비과세 양도차익	0	
	⑦ 과세대상 양도차익	56,949,000	
⑧ 장기보유특별공제		0	
⑨ 양도소득금액		56,949,000	⑦ - ⑧
⑩ 양도소득기본공제		2,500,000	
⑪ 과세표준		54,449,000	⑨ - ⑩
⑫ 세율		24%	
⑬ 산출세액		7,847,760	(⑪ × ⑫) - 5,220,000 (누진공제)
⑭ 자진납부세액		7,847,760	

양도소득세 계산을 위해 선택한 사항 요약

◎ 미등기양도 사항 (아니오)	◎ 비사업용 토지 (아니오)
◎ 피상속인 취득일 (해당없음)	◎ 상속받은 자산 (아니오)
◎ 장기일반민간임대주택, 장기임대주택 (아니오)	◎ 1세대 1주택 2년 보유 (아니오)
◎ 1세대 1주택 2년 거주 - 2020년 이후 양도(아니오)	◎ 1세대 1주택 2년 거주 기간 - 2021년 이후 양도(해당없음)
◎ 조정 지역내 1세대 3주택 (아니오)	◎ 조정 지역내 1세대 2주택 (아니오)
◎ 지정 지역내 1세대 3주택 (아니오)	◎ 일부 양도시 지분 (해당없음)

저는 아들에게 2년간 보유하면서 일시적 1가구 2주택자의 비과세 혜택을 누리라고 권했습니다. 일시적으로 1가구 2주택자가 된 사람들에게는 2주택자에 대한 규제가 적용되지 않기 때문입니다. 첫 번째 집을 구매한 후 1년이 지나 두 번째 집을 구매했을 때 첫 번째 집을 팔면 비과세 적용이 됩니다(최근 정부는 두 번째 집을 구매한 후 2년 내에 첫 번째 집을 팔면 비과세를 적용하기로 개정했습니다).

"그럼 6개월 이후에 두 번째 집을 사야겠어요."

"그렇지."

"그리고 첫 번째 집을 산 지 2년이 되었을 때 팔면 되는 거죠?"

"맞아, 두 채 정도 매매해 보고, 그때 상황에 맞춰서 다시 투자하면 돼. 2년쯤 지나면 자산이 적어도 5,000만원은 되어 있을 거야. 조금 더 열심히 모으면 더 빨리 갈 수 있는 거 알지?"

1주택자 신분으로 부동산 투자를 할 때는 선택해야 합니다. 양도세 비과세 혜택을 버리고 투자자의 길로 들어설 것인가, 아니면 현재 일에 전념하면서 천천히 투자해 나갈 것인가 중에 말이죠. 부지런히 투자할 수 있다면 세금을 내고 투자를 두세 건 더 하는 편이 나을 것이고, 현업이 바쁘다면 양도세 비과세 혜택을 누리는 편이 낫습니다. 세금과 대출에 대한 제한은 주택에만 있기 때문에, 주택 이외의 부동산에 투자하는 것도 방법입니다. 오피스텔이나 상가, 토지 등에 투자할 수 있습니다.

"그다음에는 저도 토지나 상가에 투자할 수 있을까요?"

"당연하지. 그때를 위해 지금 미리 공부해 두는 거야."

"일단 중개사 공부를 시작하긴 했는데, 투자에 도움이 되는지는 모르겠어요."

"공법, 「건축법」을 잘 알면 토지 투자에 유리하니까 당연히 도움이 되지."

"네, 알겠어요! 부동산 공부는 끝이 없네요."

저도 마이너스 대출을 받아 아파트 한 채를 경매한 것으로 부동산 투자를 시작했습니다. 작은 빌라 한 채로 시작한 아들의 부동산 투자가 상가와 토지를 넘어 개발로 이어지는 모습을 그려봅니다. 우리 세대의 아이들은 스스로 자신의 집을 마련하고, 자신만의 방법으로 부동산투자를 이어갈 것입니다. 줏대 없이 돈만 쫓는 묻지 마 투자가 아닌, 사업가적인 마인드를 가지고 모두에게 이로운 투자를 할 것입니다. 작은 일이지만, 오늘부터 이 책 한권이 스스로 자립하는 아이들을 도울 수 있기를 기원합니다.

쉽게 풀어 쓴
경매 용어 57

● 등기부등본

등기부의 내용을 등사한 문서이다. 수수료를 납부하면 누구라도 그 등본의 교부를 청구할 수 있다. 전부를 등사한 것이 등본이고, 일부를 등사한 것이 초본인데 모두 등기내용에 상위없음이 증명된다.

쉬운 말로 〉〉 해당 부동산에 관한 권리관계와 현황이 등기부에 기재되어 있는 공적장부

● 매각물건명세서

법원은 부동산의 표시, 부동산의 점유자와 점유의 권원, 점유할 수 있는 기간, 차임 또는 보증금에 관한 관계인의 진술, 등기된 부동산에 관한 권리 또는 가처분으로서 매각으로 효력을 잃지 아니하는 것, 매각에 따라 설정된 것으로 보게 되는 지상권의 개요 등을 기재한 매각물건명세서를 작성하고, 이를 매각기일의 1주일 전까지 법원에 비치하여 누구든지 볼 수 있도록 작성해 놓은 것이다. (구) 경매물건명세서

쉬운 말로 〉〉 경매할 때 법원이 매각물건의 정보를 볼 수 있도록 그 내용과 현황을 기록한 문서

● 말소기준권리

등기가 말소되는 데 기준이 되는 권리표시를 말한다. 저당권, 근저당권, 압류, 가압류, 담보가등기, 경매신청등기 가운데 시간적으로 가장 앞선 권리를 말하는 것으로 소제와 인수의 기준이 된다. 따라서 말소기준권리 뒤에 오는 제반 권리는 배당 유무에 관계없이 모두 말소된다.

쉬운 말로 〉〉 부동산의 각종 문제의 권리 중 소멸 기준이 되는 권리

● 저당

채권자가 물건을 점유하지 않고 채무를 담보하기 위하여 등기기록에 권리를 기재해 두었다가 채무를 변제하지 않았을 경우, 그 부동산을 경매 처분하여 우선변제를 받을 수 있는 권리를 말한다.

쉬운 말로 〉〉 집을 담보로 빌린 대출의 표시. 담보금액만 등기

● 근저당

계속적인 거래관계로부터 생기는 다수의 채권을 담보하기 위하여 담보물이 부담하여야 될 최고액을 정하여 두고, 장래 결산기에 확정하는 채권을 그 범위 안에서 담보하는 저당권을 말한다.

쉬운 말로 〉〉 집을 살 때 받은 대출이 있다는 표시. 장래 이자까지 포함한 금액을 등기

● 압류

확정판결, 기타 채무명의에 의해 강제집행(입찰)을 하기 위한 보전수단이다(압류후 경매 또는 환가절차로 이행).

쉬운 말로 〉〉 채무자의 재산을 강제로 처분하는 것

● 가압류

금전채권 또는 금전으로 환산할 수 있는 채권을 가진 자가 확정판결을 받기 전에 훗날 강제 집행을 용이하게 하기 위하여 미리 채무자의 재산을 동결하는 절차이다. 이러한 가압류의 성격상 가압류 절차는 은밀하고 긴급하게 이루어져야 하기 때문에, 법원은 가압류 신청에 대해 채무자의 소환 없이 채권자가 제출한 소명자료에 의해 최소한의 심리를 거쳐 가압류 결정을 한다.

쉬운 말로 〉〉 채무자가 마음대로 재산을 처분하지 못하게 하는 조치

● 경매개시결정

경매신청의 요건이 구비되었다고 판단되면, 집행법원은 경매절차를 개시하기로 결정한다. 이것이 경매개시결정이다. 이때 집행법원은 직권 또는 이해관계인의 신청에 따라, 부동산에 대한 침해행위를 방지하기 위하여 필요한 조치를 할 수 있다. 이와 동시에 집행법원은 그 부동산의 압류를 명하고, 직권으로 그 사유를 등기기록에 기입할 것을 등기관에게 촉탁한다. 경매개시결정이 채무자에게 송달된 때 또는 경매신청의 기입등기가 된 때에 압류의 효력이 발생하며, 이때부터는 그 부동산을 타에 양도하거나 담보권 또는 용익권을 설정하는 등의 처분 행위를 할 수 없다.

쉬운 말로 〉〉 경매가 시작된 사실이 등기된 것

● 담보가등기

돈을 얼마 빌리고 언제까지 안 갚을 때는 내 소유의 주택을 주겠다는 식의 대물변제(물건으로 갚는 것)를 예약하고 설정하는 경우의 가등기를 말한다. 약속대로 채무자가 돈을 갚지 않는 경우 그의 예약 완결권을 행사함으로써 발생하는 장래의 소유권 이전 청구권을 보전하기 위한 것이다.

쉬운 말로 〉〉 빚 대신 집주인이 집을 주기로 한 것

● 전세권

전세금을 지급하고 타인의 부동산을 점유하여 그 부동산의 용도에 따라 일정기간 사용·수익한 후 그 부동산을 반환하고 전세금의 반환을 받는 권리를 말한다. 제3자에게 대항력이 있고 전세권 설정자의 동의 없이 양도, 임대, 전세를 할 수 없으며 전세금의 반환이 지체된 때에는 전세권자에게 경매를 청구할 권리가 있다.

쉬운 말로 〉〉 선순위전세권: 전세권 중에서 다른 권리보다 앞선 전세권

(조건: 가장 먼저, 해당물건 전체, 경매신청 or 배당요구)

● 예고등기

예비등기의 한 가지로서 등기원의 무효 또는 취소로 인한 등기의 말소 또는 회복의 소가 제기된 경우, 이것을 제3자에게 경고하기 위하여 수소법원의 직권으로서 이를 등기소에 촉탁하여 행하게 하는 등기를 말한다.

쉬운 말로 〉〉 부동산 소유권에 문제가 있어서 소송 중임을 알리는 것(2011년 10월 이후 폐지)

● 가처분등기

가처분으로 부동산의 양도나 저당을 금지한 때에는 법원은 부동산 가압류 집행에 관한 「민사집행법」 제293조의 규정을 준용하여 등기부에 그 금지한 사실을 기입하게 촉탁하여야 한다.

쉬운 말로 〉〉 집을 판 사람이 다시 팔지 못하게 금지한다는 등기

● 유치권

타인의 물건 또는 유가증권을 점유하고 있는 자가 그 물건 또는 유가증권에 관하여 생긴 채권을 변제 받을 때까지 그 물건 또는 유가증권을 유치할 수 있는 권리를 말한다.

쉬운 말로 》〉 공사 또는 인테리어 업체가 집에 시설한 대금을 받기 위해 해당 집을 점유하는 권리

● 지상권

다른 사람의 토지에서 건물, 기타의 공작물이나 수목을 소유하기 위하여 토지를 사용할 수 있는 권리를 말한다.

쉬운 말로 》〉 집 따로, 땅 따로인 경우에 생기는 권리. 즉, 건물과 땅의 주인이 달라서 분쟁 소지 있음

● 대항력

주택임차인이 임차주택을 인도받고 주민등록까지 마치면, 그 다음날부터 그 주택의 소유자가 제3자로 변경되더라도 그 제3자에 대하여 임차권을 가지고서 대항할 수 있게 된다. 이와 같이 대항할 수 있는 힘을 주택임차인의 대항력이라고 부른다. 다시 말해 임차보증금을 전액 반환 받을 때까지 주택임차인이 새로운 매수인에 대하여 집을 비워줄 필요가 없음을 의미한다. 다만, 대항요건(주택인도, 주민등록)을 갖추기 전에 등기부상 선순위의 권리(근저당권, 가압류, 압류 등)가 있었다면 주택이 매각된 경우 그 매수인에게 대항할 수 없다.

쉬운 말로 》〉 전월세를 사는 사람이 그 집에 계속 살 수 있는 권리(경매에서 조건: 전입날짜가 말소기준보다 앞서야 한다.)

● 우선변제권

채권자 가운데 어떤 자가 다른 채권자에 우선하여 변제 받는 것을 말한다. 채무자의 재산이 전 채무를 변제하기에 부족할 경우에 의미가 있다. 채권자는 서로가 대등한 지위에서 채권액에 비례하여 변제 받는 것을 원칙으로 하는데, 이것을 채권자 평등원칙이라고 한다. 민법에서 우선 변제 받을 수 있다고 인정한 것은 용익물권 가운데 전세금 채권, 담보물권 가운데 질권, 저당권이 있는 경우의 채권이다.

쉬운 말로 〉〉 **「주택임대차보호법」상 임차인이 보증금을 우선적으로 변제(배당) 받을 수 있는 권리**

● 최우선변제권

임차인이 경매신청등기 전에 주택의 인도와 주민등록전입신고를 마치면 보증금 중 일정액을 다른 담보물권자보다 우선하여 변제 받는 것을 말한다.

쉬운 말로 〉〉 **우선변제권자 중에 보증금이 소액인 세입자들이 다른 권리들에 앞서 최우선순위로 배당**

● 필요비

민법상의 필요비는 부동산의 효용을 적정하게 유지하고 회복하는 데 필요한 관리비,수리비 등을 말하며, 부동산임대차 시에는 임대인이 지출해야 하고 민법상의 유익비와는 다르다.

쉬운 말로 〉〉 **임차건물을 사용하는 데 있어 건물의 유지를 위해 필요한 모든 비용(인테리어 비용 제외)**

● 유익비

물건, 부동산을 개량하여 이용하는 데 공익적으로 지출되는 비용이다. 관리비의 한가지로 본다.

쉬운 말로 〉〉 **임차인이 임대인의 동의를 얻어 집의 가치를 증대하기 위해 쓴 비용**

● 당해세

당해 재산의 소유 그 자체에 담세력을 인정하여 부과하는 재산세를 말한다. 국세는 상속세, 증여세와 재평가세이고 지방세는 취득세, 등록세, 재산세, 자동차세, 종합토지세, 도시계획세 및 공동시설세이다.

쉬운 말로 〉〉 **해당 부동산에 대한 세금(국세, 지방세)**

● 배당요구

강제집행에서 압류채권자 이외의 채권자가 집행에 참가하여 변제 받는 방법이다. 부동산의 강제경매 및 강제관리에는 경매개시의 신청을 집행목록에 첨부함으로써 배당요구의 효력이 생기는 경우(기록 첨부)와 일반 배당요구의 2종이 있다.

쉬운 말로 〉〉 채권자가 경매 법원에 빌려준 돈을 돌려달라고 하는 것

● 인도명령

낙찰인은 낙찰대금을 전액 납부한 후 채무자에 대하여 직접 자기에게 낙찰부동산을 인도할 것을 요구할 수 있다. 채무자가 임의로 인도하지 아니하는 때에는 대금을 완납한 낙찰인은 대금을 납부한 후 6월 내에 집행법원에 집행관으로 하여금 낙찰부동산을 강제로 낙찰인에게 인도하게 하는 내용의 인도명령을 신청하고, 그 명령의 집행에 기하여 부동산을 인도 받을 수 있다.

쉬운 말로 〉〉 법원이 낙찰 부동산을 낙찰자에게 넘기라고 명령하는 것

● 점유이전금지 가처분

소송 등의 목적이 되는 물건에 대하여 권리관계 등을 현 상태로 보전하기 위해 법원에 의뢰하는 행위를 말한다. 위도명령 명도소송의 강제집행 대상자를 확정하기 위한 것이다.

쉬운 말로 〉〉 법원이 점유자에 대해 이적을 금지하라고 명령하는 것

● 강제집행

확정판결이나 공정증서 등 채무명의를 가지고 채권자가 국가권력에 대하여 그 집행을 신청하면, 국가가 채무자의 의사 여하에 관계없이 공권력으로 그 청구권을 실현해 주는 절차를 말한다. 강제집행의 신청은 서면으로 해야 한다(「민사소송법」 제491조 제3항 참조). 집행기관에는 집행관·집행법원·수소법원이 있다. 집행기관은 채무명의와 집행문에 의거하여 강제집행을 한다.

쉬운 말로 〉〉 점유자가 집을 비워주지 않아 법원이 강제로 집을 비우게끔 집행하는 것

● 사건번호

경매에 응찰하고자 하는 물건을 특정하는 것이다(부동산 경매사건의 부호는 타경이다).

쉬운 말로 〉〉 경매물건의 이름으로 쓰는 번호

● 물건번호

한 사건에서 2개 이상의 물건을 개별적으로 입찰에 부친 경우에 각 물건을 특정하는 것이다. 따라서 입찰사건목록 또는 입찰공고에 물건번호가 기재되어 있는 경우에는 사건번호 외에 응찰하고자 하는 물건의 번호도 반드시 기재해야 한다(물건번호가 없는 경우에는 기재하지 않는다).

쉬운 말로 〉〉 한 사람이 소유한 물건이 여러 건 동시에 경매로 진행될 때 각 물건별 번호

● 임의경매

법원경매는 금전채권의 만족을 위해 채권자의 신청을 받아 법원이 부동산을 강제로 매각하는 것이다. 법원경매에는 임의 경매와 강제 경매가 있는데, 이 중 임의 경매는 담보권실행을 위한 경매를 말한다. 즉, 저당권 등의 담보물권자가 법원에 경매를 신청하는 것이다.

쉬운 말로 〉〉 근저당권을 근거로 은행이 경매를 신청하는 것

● 강제경매

채무자 소유의 부동산을 압류, 환가하여 그 매각대금을 가지고 채권자가 금전채권의 만족을 얻는 것을 목적으로 하는 강제집행 절차 중 하나이다.

쉬운 말로 〉〉 소송을 통해 법원 판결문을 가지고 경매신청을 하는 것

● 재경매

매수신고인이 생겨서 낙찰허가결정의 확정 후 집행법원이 지정한 대금 지급기일에 낙찰인(차순위 매수신고인이 경락허가를 받은 경우를 포함한다)이 낙찰대금지급의무를 완전히 이행하지 아니하고, 차순위 매수신고인이 없는 경우에 법원이 직권으로 실시하는 경매이다.

쉬운 말로 〉〉 미납 혹은 기타 이유로 다시 경매에 나옴

● 매각기일

경매법원이 목적부동산에 대하여 실제 매각을 실행하는 날로 매각할 시각, 매각할 장소 등과 함께 매각기일 14일 이전에 법원게시판에 게시함과 동시에 일간신문에 공고할 수 있다. (구) 입찰기일

쉬운 말로 >> 경매 물건 입찰하는 날짜

● 차순위매수신고인

최고가매수신고인 이외의 입찰자 중 최고가매수신고액에서 보증금을 공제한 액수보다 높은 가격으로 응찰한 사람은 차순위매수신고를 할 수 있다. 차순위매수신고를 하게 되면 매수인은 매각대금을 납부하기 전까지는 보증금을 반환받지 못한다. 그 대신 최고가매수신고인에 국한된 사유로 그에 대한 매각이 불허되거나 매각이 허가되더라도 그가 매각대금 지급의무를 이행하지 아니할 경우 다시 매각을 실시하지 않고, 집행법원으로부터 매각 허부의 결정을 받을 수 있는 지위에 있는 자이다. (구) 차순위입찰신고인

쉬운 말로 >> 낙찰금액에서 보증금을 뺀 금액 이상을 입찰한 사람이 차순위로 신고

● 공유자 우선 매수권

지분을 나눈 부동산의 일부가 경매신청되었을 때, 공유자가 우선 매수할 수 있는 권리를 말한다.

쉬운 말로 >> 여러 명이 한 물건을 가지고 있을 때, 낙찰자보다 공유자가 먼저 살 수 있는 권리

● 일괄매각

법원이 경매의 대상이 된 여러 개의 부동산의 위치, 형태, 이용관계 등을 고려하여 이를 하나의 집단으로 묶어 매각하는 것이 알맞다고 인정하는 경우에는, 직권으로 또는 이해관계인의 신청에 따라 일괄매각하도록 결정할 수 있다. 또한 다른 종류의 재산(금전채권 제외)이라도 부동산과 함께 일괄매각하는 것이 알맞다고 인정하는 때에도 일괄매각하도록 결정할 수 있다. (구) 일괄입찰

쉬운 말로 >> 한데 묶어서 매각

● 토지별도등기

토지에 건물과 다른 등기가 있다는 뜻으로 집합건물에 나타난다.

쉬운 말로 》 집합건물에서 토지등기가 따로 있는 것

● 채권자

채무자에게 일정한 행위(급부)를 할 것을 청구할 수 있는 권리를 가진 사람을 말한다. 은행에 집을 담보로 잡히고 빚을 얻어 쓰면 빚을 준 은행이 채권자이고 빚을 얻은 사람이 채무자이다. 채무자가 빚을 약속한 기한 내에 갚지 않으면 채권자는 담보로 잡은 집을 처분하여 꾸어 준 돈을 회수하고 나머지는 채무자에게 돌려준다. 이때 채무자는 경매로 집을 처분한다.

쉬운 말로 》 돈을 받을 권리가 있는 사람

● 채무자

다른 사람(채권자)에게 빚을 진 사람이다. 은행에서 집을 담보로 돈을 얻어 쓴 사람은 빚을 갚아야 할 의무가 있는 사람이며 채무자라 한다. 하나의 채권에 대해 여러 사람의 보증인이 각자의 행위로 보증채무 의무를 졌을 때, 이들을 공동채무자라 한다. 공동 채무자 가운데 한 사람이 빚을 모두 갚아버리면 다른 채무자의 채무는 소멸된다. 채권자는 공동 채무자 중 한 사람에게만 채무의 전부 또는 일부의 이행을 청구할 수 있고 모든 채무자에게 동시에 또는 순차로 채무 이행을 청구할 수 있다. 따라서 공동채무자 한 사람의 법률행위의 무효 또는 취소의 원인은 다른 채무자의 채무에 영향을 미치지 않는다.

쉬운 말로 》 돈을 갚을 의무가 있는 사람

● 소유자

토지를 소유할 수 있는 권리의 주체를 말하는데 법적으로 당해 토지를 자유로이 사용·수익·처분할 수 있는 소유권을 갖거나, 소유권 이외의 기타 권리를 갖는 사람을 말한다.

쉬운 말로 》 물건을 자유롭게 사용하고 처분할 권리가 있는 사람

● 임차인

임대차 계약에서 돈을 내고 물건을 빌려 쓰는 사람을 말한다.

쉬운 말로 〉〉 집을 빌려 쓰는 사람

● 필지

하나의 지번이 붙는 토지의 등록단위를 말한다(법적개념).

● 공부

관공서에서 법령의 규정에 따라 작성, 비치하는 장부를 말한다. 등기부, 지적공부 등이 있다.

● 신건

부동산 경매사건이 세상에 최초로 공개되는 물건을 의미한다.

● 유찰

입찰기일에 입찰하는 사람이 없을 경우를 말한다. 다음 차수에는 입찰가가 20~30% 낮아진다.

● 전입신고

새로운 거주지로 옮겨 전입한 거주지의 읍, 면, 동 사무소에 전입 사실을 알리는 신고이다(말소기준권리보다 앞선 날짜여야 대항력이 생긴다).

쉬운 말로 〉〉 이곳을 점유하여 살고 있음을 알리는 행위

● 확정일자

어떤 증서에 대해 그 작성된 일자에 관한 완전한 증거력을 가지고 있다고 법률이 인정하는 일자를 말한다. 즉, 확정일자인(印)이 있는 공증 문서에는 공공력이 생기고 이때 기입한 일자를 확정일자라고 부른다. 따라서 전세계약 등을 할 때 계약서를 작성하고 난 뒤 확정일자인이나 공증인을 찍어야 그 거래가 사회적·법적 효력을 발휘하게 된다. 전세계약 시에는 동사무소에 전입신고를 하면서 계약서 원본을 들고가 계약서상에 확정일자를 받으면 된다.

● 공동담보
동일한 채권을 담보하기 위하여 수개의 물권 위에 담보물권이 존재하는 것을 말하며, 공동 저당은 그 가장 중요한 형식 중 하나이다.
쉬운 말로 〉〉 **여러 개의 물건을 담보로 제공**

● 중복사건
채권자 다수가 각기 경매신청을 하여 하나의 부동산에 여러 건의 경매가 동시에 진행되는 것을 말한다.

● 공동경매(병합사건)
수인의 채권자가 동시에 경매신청을 하거나 아직 경매 개시결정을 하지 아니한 동안에 동일 부동산에 대하여 다른 채권자로부터 경매신청이 있으면 수개의 경매신청을 병합하여 1개의 경매개시결정을 하여야 하며, 그 수인은 공동의 압류채권자가 되고, 그 집행절차는 단독으로 경매신청을 한 경우에 준하여 실시되는 절차이다.
쉬운 말로 〉〉 **여러 채권자로부터 경매신청이 있을 경우 하나로 합하여 경매개시결정**

● 이중경매
이미 경매가 진행되고 있는 부동산에 다른 채권자가 또 경매신청을 하는 것을 말한다.

● 취하
경매부동산에 대하여 경매신청 후 경매기일에서 적법한 매수의 신고가 있기까지의 사이에 경매신청인은 임의로 경매신청을 취하할 수 있으나, 매수의 신고가 있은 후 경매신청을 취하할 때는 최고가매수신고인과 차순위매수신고인의 동의를 필요로 한다.
쉬운 말로 〉〉 **경매 신청 행위를 철회**

● 변경과 연기

변경은 경매진행 절차상 중요한 새로운 추가 또는 매각조건의 변경 등으로 권리가 변경되어 지정된 경매기일에 경매를 진행할 수 없을 때 담당재판부가 직권으로 경매기일을 변경하는 것을 말한다. 연기는 채무자, 소유자 또는 이해관계 안에 의하여 경매신청채권자의 동의하에 지정된 경매기일을 미루는 것을 말한다. 경매실무에서는 변경과 연기를 합쳐 「변연」이라고 한다.

● 변경

권리가 변경되어 경매기일을 변경하는 것을 말한다.

● 연기

채무자, 소유자, 경매신청자의 동의하에 지정된 기일을 연기하는 것을 말한다.

● 기각

「민사소송법」상 신청의 내용(예:원고의 소에 의한 청구, 상소인의 상소에 의한 불복신청 등)을 종국재판에서 이유가 없다고 하여 배척하는 것을 말한다. 기각의 재판은 본안판결이며 소송·형식재판인 각하와 구별된다.

쉬운 말로 〉〉 원고의 주장이 받아들여지지 않아 경매 진행이 되지 않는 것

● 정지 결정

채권자 또는 이해관계인의 신청에 의하여 법원이 경매 집행 절차를 정지하는 것을 말한다 (공탁 필요).

● 각하

국가기관에 대한 행정상 또는 사법상의 신청을 배척하는 처분, 특히 소송상 법원이 당사자와 그 밖의 관계인의 소송에 관한 신청을 배척하는 재판을 말한다. 다만, 「민사소송법」상 기각과 구별하여 사용하는 경우에는 소송요건 또는 상소의 요건을 갖추지 않은 까닭으로 부적법한 것으로서 사건의 일체를 심리함이 없이 배척하는 재판을 말한다.

쉬운 말로 >> 소송 요건을 충족하지 못해 재판이 거부됨

● 대위변제

제3자 또는 공동채무자의 한 사람이 채무자를 위하여 변제할 때 그 변제자는 채무자 또는 다른 공동채무자에 대하여 구상권을 취득하는 것이 보통이다. 이때 그 구상권의 범위 내에서 종래 채권자가 가지고 있었던 채권에 관한 권리가 법률상 당연히 변제자에게 이전되는 것을 가리켜 변제자의 대위 또는 대위변제라고 한다. 변제에 이해관계가 있는 자가 다수 있는 경우에 그중 1인이 먼저 변제하고 채권자를 대위하게 되면 이에 따라 당연히 혼란 상태가 야기되므로(예를 들면 보증인 갑·을과 물상보증인 병이 있을 때 빨리 변제한 자가 채권자의 지위를 획득하고 타인의 재산을 집행할 수 있다), 민법은 각각의 관계인에 대하여 변제자 대위의 행사 방법을 합리적으로 규정하고 있다.

쉬운 말로 >> 채권자의 채권에 관한 권리가 제3자 또는 공동 채무자에게 이전되는 일

● 상계

채권자가 동시에 매수인인 경우에 있을 수 있는 매각대금의 특별한 지급방법이다. 현금을 납부하지 않고, 채권자가 받아야 할 채권액과 납부해야 할 매각 대금을 같은 금액만큼 서로 맞비기는 것이다. 채권자는 매각대금을 상계 방식으로 지급하고 싶으면, 매각결정기일이 끝날 때까지 법원에 위와 같이 상계하겠다고 신고하여야 하며, 배당기일에 매각대금에서 배당 받아야 할 금액을 제외한 금액만을 납부하게 된다. 그러나 그 매수인(채권자)이 배당 받을 금액에 대하여 다른 이해관계인으로부터 이의가 제기된 때에는 매수인은 배당기일이 끝날 때까지 이에 해당하는 대금을 납부하여야 한다.

쉬운 말로 >> 채권자가 낙찰 받은 경우 납부해야 할 낙찰대금을 채권 금액만큼 제하고 납부하는 것